結果を出し続ける人が必ずやっている

「数学的な」仕事術大全

深沢真太郎

SHINTARO FUKASAWA

東洋経済新報社

はじめに

▎成果が出る→仕事を楽しめる→人生が豊かになる

　まずは本書に興味を持ってくださりありがとうございます。それだけでも嬉しいのですが、よろしければひとつの問いにお付き合いください。

　多くの大人が職業に就くという選択をします。あなたもそのひとりかもしれません。そんなあなたにとって、もっとも欲しいものはなんでしょうか。この問いに対してどんな答えが浮かびますか。

　「やりがい」
　「お金」
　「同じ志を持った仲間」
　「仕事のことを忘れられる時間」

　個人的にはどれも共感するものばかりです。私も職業を持つという人生を選んだひとりです。あなたの答えをリスペクトしたうえで、自分なりに考えてみました。

　「成果」

　とてもシンプルな言葉が浮かびました。結局のところ私は成果が欲しいのだと思います。

　成果が出たからやりがいが生まれるのではないか。成果が出たから経済的な余裕が得られるのではないか。成果が出たから周囲に信頼され、いい仲間ができるのではないか。成果が出たからいろんな意味で余裕が生まれ、時間を自由に使えるようになるのではないか。私はそう思うのです。

そして職業に就くという選択をした人は、**やはり仕事で成果が出たからこそ人生が豊かになる**のではないでしょうか。

　多くの人がおっしゃる「仕事がすべてではない」とはそのとおりですが、一方で現実はどうでしょう。多くのビジネスパーソンは人生において使える時間の多くを仕事に費やしているはずです。もっとも多くの時間を使っているのにそこで満足感を得られていないとするなら、これほど悲しいことはないと思います。

　もちろん仕事というものに対する考えは人それぞれであり、私の価値観をあなたに押し付けるつもりはありません。ですがもしここまでの内容にほんの少しでも共感できるものがあったのなら、もう少しだけお付き合いいただけると嬉しいです。

　本書はすべてのビジネスパーソンが仕事で成果を出すためのスキルを身につけ、その結果として人生が豊かになることを願って誕生した1冊だからです。

▍数学で学んだことをビジネススキルに変換する

　自己紹介が遅くなりました。ビジネス数学教育家・深沢真太郎です。職業は、数字に強いロジカルパーソンを育成する「ビジネス数学教育」を提唱する人材育成の専門家です。

　学生時代、とくに高校から大学院まで数学に夢中になりました。私の考え方、話し方、生き方は数学が大きく反映されています。

　私は大学院まで数学を専攻し、修了後は塾・予備校業界で数学を教える仕事に就きました。

　しかしながらその業界は私の肌にまったく合いませんでした。というのも、これから社会に出ていく学生たちに教えていることが本当に社会で役に立つのか、私自身わからなかったからです。受験指導を否定するつもりはありません。あくまで私には合わなかったということだと思います。

　私は思い切って他業界に転職し、ごく一般的な会社員というものをゼロから経験しようと考えました。そこで転職先に選んだ業界はファッション業界。職種はなんと販売職でした。当時の私はこのように考えていたのです。

> 　自分のようなタイプの人間がもっとも選ばない、すなわち自分のような数字やロジックで物事を考え、いちいち理論で話すことが大好きな人が少ない業界を選んでみよう。なぜなら、少ないということは稀有な存在になる可能性が高く、自分の特技や経験に価値が生まれたり、その業界の人たちが苦手なことを任せてもらえるのではないか。

　実際のところ、ファッション業界には感性で仕事をする人がとても多かったように思います。すなわち、私のようなタイプは良くも悪くも「異物」だったはずです。

　論理100％（？）の理系学生を経て数学講師になった若者がある日突然、真逆の世界ともいえるアパレルショップの販売員として接客をしている。こんなキャリアチェンジをする人はおそらくそういないでしょう。

　これだけで同僚からとても面白がられ、彼らの苦手なデータのチェックや分析などを任され、少しずつ自分にできる仕事と信頼を獲得していったように思います。

　ちなみに「人が多い・少ない」「可能性が高い・低い」とはまさしく量的な概念で比較をした行為であり、「なぜなら」とは頻繁に数学でも使われる、いわゆる論理的な言語の代表格です。

　これが（ほんの少しですが）私が数学というものをビジネスにおいて活用し、成果を得た事例のひとつです。私にとってこの経験はとても大きなものでした。

　この事例を通じてあなたにお伝えしたいことが2つあります。

　★ご紹介した私の考え方には、間違いなく数学が存在しているということ
　★数学を学ぶことで得た能力はビジネススキルになり得ること

そのような経験をしたからでしょうか。私はその10年後にビジネス数学教育家という生き方を選び、**「ビジネススキルと数学教育」**という研究テーマを掲げ、数学を学ぶことで得られる能力を働く人のスキルに変換し、育成コンテンツとして世の中に広め始めました。

この職業を選んでまる12年が過ぎましたが、ありがたいことに現在は大手企業やプロ野球球団、トップアスリート、学校教員の皆様への研修ツールとしてご相談をいただけるようになりました。

ご存知かと思いますが、ビジネスパーソンは数字を活用したり、論理的に考えたり、定量的な説明をすることが求められます。これは入社1年目でも経営者でも同じです。

すなわち私の活動テーマであるビジネス数学教育とは、**職業に就くという人生を選んだ人にとって必須の基礎スキル**を指導することです。

私はこれまでおよそ2万人のビジネスパーソンと研修やセミナーの場でお会いしてきました。私を信頼してくださりご縁をいただいた企業はおよそ100社を数えます。この12年間、1日も休んでいないと仮定すれば、単純計算で毎日およそ4.6人ずつビジネスパーソンに指導を提供したり、対話をしてきたということになります。

この数字が多いか少ないかの評価はあなたに委ねますが、ひとつたしかなことは私がこの活動で得た経験や目の当たりにした真実は実に多くの学びをもたらしたということです。大袈裟ではなく、本当に、私は人材育成の現場でたくさんのことを知りました。簡潔に表現してみます。

現代のビジネスパーソンは、基礎スキルを持っていないのに、難しいことをやろうとしている

たとえば職場の生産性を上げる。大勢の人の前で魅力的なプレゼンテー

ションをする。社内に蓄積された膨大なデータを活用する。

　どれも実現できたらいいなと思いつつ、実際はとても難しいことです。そして難しいことをやろうとするならば、それより簡単なこと、基本的なことはできるのが前提のように思います。

　しかし現実はそうではありません。数字が読めない。「何が言いたいのかわからない」と評される説明をしてしまう。手段と目的を混同してしまう。そんなビジネスパーソンがたくさんいます。そしてそんな彼ら彼女らにいま企業は、そして世の中は、とても難しいことを要求しているように思えてなりません。

　もちろんそれは現代のビジネスパーソンが悪いわけではありません。誰が悪いと犯人探しをするつもりもありませんし、誰も悪くないのだと思います。

　ただひとつだけ個人的な感想を申し上げるなら、**すべてのビジネスパーソンが基礎スキルを身につけられる教育が（少なくとも）日本にはない**のだろうということです。

　私がこの12年間、ビジネスパーソンの皆様に基礎スキルを指導し続けてきた理由はここに集約されます。

┃ そもそもビジネススキルとは？

　ところで、ビジネススキルとはなんでしょうか？

　私が基礎スキルと申し上げているものもまさにビジネススキルと呼ばれるものです。あなたも普段から当たり前のように使うであろうこの単語。じつは人によって定義がばらばらであったり、具体的でなかったりします。本書を読んでいただくあなたには、ぜひとも私の考える定義を共有させてください。

　まずは代表的な定義をご紹介します。

仕事で使うスキル

なるほど。間違いありません。しかしもう少しだけ具体的にならないでしょうか。

仕事で成果を出すためのスキル

いいですね。だいぶ良くなったように思います。使うことが目的ではなく、あくまで成果を出すことが目的です。さらにもう少しだけ具体的にならないでしょうか。

これから先どんな仕事をすることになっても成果を出すためのスキル

とてもいいですね！

　あなたはずっといまの職業を続けるとは限りません。同じ会社に勤める会社員だとしても、部署が変わったり昇格したりとさまざまな変化があることでしょう。時代の変化もそのスピードが一気に速くなりました。いま必要なことを学んでも、あっという間に過去のものになってしまいます。
　もしあなたがこれから先も職業を持つという選択をする可能性があるなら、もっとも重要なことはひとつしかありません。これからどこに行っても、どんな仕事をするとしても、共通して必要となる基礎スキルを身につけることです。

成果を出している人は、数学的な仕事の仕方をしている

　ではそれはいったいどんなスキルなのか。これまで2万人のビジネスパーソンから教えてもらった結論があります。

成果を出している人は、数学的な仕事の仕方をしている

　おそらくあなたは「数学的な」という表現に違和感があったり、あるいはスッと腹に落ちない心地悪さを感じているのではないでしょうか。もしそうだとしたら、ぜひ喜んでください。そしてその感覚を大切にしてください。なぜなら違和感や心地悪さを覚えるということは、新しい概念や知らない言葉と出会った証拠です。これまで突破できなかった壁を突破できたり、これまで見えなかった景色が見えるようになる可能性があるのです。

　詳しくは本編を楽しんでいただきたいのですが、ひとつ重要なメッセージを共有しておきます。

　私はあなたに数学の学び直しをして欲しいわけではありません。仕事をする場面において、数学のように身体を動かして欲しいのです。そうすれば自動的にあなたは成果を出すためのスキルを使う（使えている）ことになるのです。

　たとえばあなたの職場にいる「仕事ができる人」を何人か想像してください。その方々は全員が学生時代にどっぷり数学を勉強した人物なのでしょうか。円周率を100桁まで言えるのでしょうか。数学者が発見した公式の美しさを語れるのでしょうか。おそらくそんなことはないはずです。
　しかし仕事のさまざまな場面において効果的に数字を活用できたり、短時間で市場規模を概算できたり、わかりやすく論理的な説明ができたり、無駄のないスッキリとした文章が書けたり、データとグラフが見やすい資料をつくったり、投資と回収のストーリーをうまくつくって上司や経営層を説得しているのではないでしょうか。

　つまり**仕事ができる人たちはかつて徹底的に数学の勉強をしてきたのではなく、いま仕事の仕方が数学的**なのです。数学を理解しているのではなく、数学のように身体を動かしているのです。

私は数学的に生きている

そろそろまとめましょう。

お気づきかもしれませんが、ここまでの内容に「人生」という言葉が何度か登場しました。表面的にはビジネススキルの話に見えた（読めた）かもしれませんが、その奥にあるテーマは人生です。

私はこの原稿を書いている時点で48歳になりますが、これまでの人生には前半と後半があったと思っています。人生の前半に名前をつけるとするなら、「ごく普通に生きてきた」となるでしょうか。とくに象徴的な言葉が思い浮かびません。しかし後半の人生に名前をつけるなら、はっきりとある言葉が思い浮かびます。

「数学的に生きている」

そして前半と後半を比較したとき、はっきり断言できることがあります。それは、**数学的に生きているいまのほうが豊かな人生である**ということです。

人生の分岐点において正しい選択ができたこと。いろんな仕事を任されるようになったこと。時を経てそれを多くのビジネスパーソンに指導する立場になったこと。その立場がますます私自身を成長させ、結果として私の人生にはますます「数学的」が増えたこと。きっと笑顔も増えたはずです。

本書は私が後半の人生で実践したものと得たものを「数学的なビジネススキル」として余すことなくすべて詰め込んだ１冊です。書かれていることはすべて、数学を学びなおすことなく、いまからあなたの仕事の仕方が数学的に変わる技術です。はたして信じていただけるでしょうか……。

最後に根拠を３つに分けて示しておきます（じつはこれも数学的な仕事の仕方だったりします）。

【数学】
著者は学生時代に数学に夢中になり、そこで得たものを使って仕事や人生を切り開いてきた

【ビジネス人の育成】
この12年間、毎日4.6人ずつ、ビジネスパーソンのリアルな姿を目の当たりにし、基礎スキルを指導してきた

【信頼と品質】
大手企業やプロ野球球団、トップアスリート、学校教員の皆様への研修ツールとして採用し続けていただいている

　仕事で成果を出すのはとても難しいことです。私も職業人であり、そのことを痛感しています。うまくいかないことも多いかもしれません。心がつらい人もいるでしょう。

　一方で、さまざまな選択肢がある中で、職業に就くという人生を選んだのはあなた自身です。この揺るがない事実から逃げていては、いつまでも本当の意味で幸せにはなれないのではないでしょうか。

　だからこそ、あえて申し上げます。この言葉はあなたに向けてでもあり、著者である私自身に向けてでもあります。

「成果を出しましょう！」

　私はあなたにそのための武器をプレゼントします。これから先どんな仕事をすることになっても成果を出すために、ぜひ最後までお付き合いください。

CONTENTS

はじめに

第1章　数学的とはなにか

第2章　数学的に考える（ファクトベース編）

1｜「数学的に考える」とはなにか

第3章　数学的に考える（アサンプションベース編）

1｜アサンプションベースとはなにか

第4章　数学的に文章を読む・書く

第5章　数学的に話す

第6章　数学的に資料作成する

2 ｜ 数字で見せる（魅せる）

3 ｜ モデル化して見せる（魅せる）

おわりに　～数学的に生きる～

第1章

数学的とは
なにか

数学とは多面体である

　第1章の目的は準備です。私はあなたと、本書を最後まで読んでいただくための準備を一緒に進めていきたいと思っています。その準備とは、言葉の定義をし、共通認識を図り、目指すゴールを明確にすることです。

　おそらくあなたが期待なさっていると思われるビジネススキルの具体的な話題については、第2章以降でたっぷりご紹介してまいります。楽しみはあとにとっておく感覚で、少しばかり準備にお付き合いください。では本題に入りましょう。

　あなたは間違いなく人生のどこかで数学というものを勉強したことがあるはずです。そんなあなたにとって数学とはどんな存在だったでしょうか。

「とにかく苦しめられた」
「ワクワクした」
「結局よくわからなかった」

　実にさまざまであり、そしてさまざまで良いと思います。じつは数学とは多面体です。多面体とは文字どおり、いろんな面を持っているという意味です。

　理工学や経済学の基礎言語という側面。人間の能力開発という側面。深く物事を考える、まるで哲学に近い側面。純粋な科学という側面。そしてその科学という言葉だけでも、関係性の科学、数の科学、美しさの科学など、実にさまざまな捉え方があります。

　これらはどれもが正解であり、否定されるべき捉え方はひとつもありません。数学とは人によって、立場によって、文化によって、実にさまざまな面を持った多面体なのです。

　多くの人の数学に対する捉え方は、先ほどご紹介した中のいずれかではないでしょうか。ところが私は少しばかり個性的な捉え方をしています。おそ

らく少数派だと思います。数学というものを**ビジネスパーソンの能力開発**という側面で見ているのです。

　本章ではそれが具体的にどういうことなのかを丁寧に解説し、あなたがその先を納得して読み進められるようにしたいと思っています。キーワードとなるのは、ここまで何度か登場した「**数学的**」という言葉です。

　まずはこの言葉の意味を説明するところからスタートしましょう。ただし「数学的」はあくまでビジネス数学教育家としての定義であり、世界共通のものではありません。先ほどもお伝えしたように数学とは多面体であり、立場や文化によって異なる場合もあることをあらためて強調しておきます。

数学思考・数学的思考・数学者的思考

　積極的という言葉があります。積極的に仕事をする、といった表現は私たちの日常によく登場します。「積極」とは、「物事に対しはっきりした作用を及ぼし、進んで働きかける面を表すこと」という意味があります。よって積極的な行動とは、「積極という言葉で表現されるように行動する」という解釈ができるでしょう。

　同じように、「数学的」とは「数学のように」ということです。ですから次の３つの言葉の解釈はそれぞれこのようになります。

数学的思考
→数学のように考える

数学的アプローチ
→数学のようにアプローチする

数学的表現
→数学のように表現する

少し違った角度から説明を続けます。

私は「数学的」という言葉をご理解いただくために、3つの言葉の比較論を使うことがあります。数学思考、数学的思考、数学者的思考、という3つの言葉です。

あなたにとって初めて聞く言葉もあるかもしれませんが、決して私だけが扱っている言葉ではありません。じつは数学思考や数学者的思考という言葉は私ではなく他の方が（たとえば書籍など）コンテンツとしてネーミングされている事例もあります。その方と私では言葉の定義が同じでない可能性があることを前提に読み進めてください。

数学思考
→数学の問題を解く際に（唯一の正解を求めて）考えること

数学的思考
→数学の問題を解く以外の場面で、数学のように考えること

数学者的思考
→数学という学問を発展させ社会に適応させる方法を考えること

あなたが学生時代に学んだ数学は、おそらく問題に対して唯一の正解が与えられ、それを導くことが主たる作業であったと思います。かつての私も含め、学生は「次の連立方程式を解きなさい」といった高圧的な命令（？）に従順でした。

そこで行われる行為（つまり考える）はあくまで答えを出すためのものです。たとえば私が中学生だったころ、「連立方程式の解き方には消去法と代入法の2つがある」と教わりました。本書は数学書ではないので詳しい解説は省きますが、これはまさに数学の問題を解く際に（唯一の正解を求めて）使われる考え方です。私はこれを数学思考とネーミングしています。

次の2式を満たす x と y を求めなさい

$x + y = 5$

$x - y = 1$

↓

正解は $(x, y) = (3, 2)$

　しかし私たちが日常生活の中で自ら連立方程式を解くことなどほぼありません。三角形の面積を求めることも、偉大な数学者が導いた公式を証明することもおそらくしません。

　一方で、物事の関係性を明らかにし、筋道を立てて説明するということは日常生活の中でとても大切なことではないでしょうか。先ほど連立方程式の話をしましたが、連立方程式を解くということは2つの未知数（x,y）の関係性を明らかにし、論理的な正解を説明することといえます。

　つまり**物事の関係性を明らかにし、筋道を立てて説明するということは数学そのものであり、それを日常生活の中で活用することが私の申し上げる「数学的」という意味**です。方程式を解くことが数学。方程式を解くような行いが数学的。そう理解していただいて良いと思います。

　数学の専門家などはよく「数学的センス」という言葉を使いますが、私の定義に当てはめるとその意味は**「数学で行うことを日常において使おうとする感覚」**となります。食事をしているとき。テレビを観ているとき。誰かと話しているとき。好きな人とデートしているとき。そしてもちろん仕事をしているときも、「数学的」は大いに関係あるのです。

　最後に数学者的思考という言葉について触れておきます。数学者とは数学という学問を発展させ社会に適応させることが使命の職業です。たとえば渋滞という社会問題を解決するために数学をどう応用するかを考えたり、スパムメールを振り分ける仕組みの精度をもっと高めるためにどうするかを考えたり。私たち人間がもっと生きやすく、もっと豊かになるために、数学者の皆様は頑張ってくれています。

ここで重要なのは、数学を発展させることが正義の人は、「数学のように」ではなく、しっかり学問に落とし込まれた「数学」で仕事をしなければならないということです。つまりあなたが数学という学問を発展させる仕事をしていないのであれば、数学者的思考は必要ないということになります。

　3つの言葉を説明しました。本書の主題である「数学的」という言葉の意味も、こうして他の言葉と比較することでより輪郭がはっきりしたと思います。

数字に強いロジカルパーソン

　ではあなたに質問です。ご紹介した3つの「思考」のうち、ビジネスパーソンとしてのあなたが欲しいもの、あるいは必要なものはどれでしょうか。

　学生であれば迷わず「数学思考」が欲しいと思うかもしれません。数学者であれば迷わず「数学者的思考」が欲しいと思うでしょう。しかし**あなたがビジネスパーソンだとしたら、おそらく2番目の「数学的思考」と迷わずお答えになるはず**です。

　すべてのビジネスパーソンが迷わず「必要だ」と答えるほど大切なものならば、すべての人がそれを身につける機会やコンテンツ、指導者が存在するべきと考えるのは自然ではないでしょうか。これが私の提唱するビジネス数学教育なのです。

　しかしこのビジネス数学教育という言葉は、新しいがゆえにその本質がなかなか一瞬では伝わらない言葉であることも事実です。そこで私はすべてのビジネスパーソンが一瞬でピンと来るような表現はないかと考えました。

　言葉というものは実に大切です。どれだけ価値あるものでも、必要としている人に伝わらなければ、また「欲しい」と思ってもらえなければ、存在しないことと同じです。熟考した結果、いまは次の言葉で世の中にプレゼンテーションしています。

「数字に強いロジカルパーソン」

　ロジカルとは論理的という意味、つまりロジカルパーソンとは論理的な行いができる人材という意味です。

　そもそも数学とは数字と論理だけで展開できるものです。計算問題。証明問題。方程式。図形。関数。数列。これらはすべて数字と論理だけを使うことで成り立ちます。ならばシンプルに、**数字と論理をちゃんと使える人材を育成する**としたほうが伝わりやすいと思ったのです。

　事実、これまでさまざまな企業の経営者や人材育成担当者に、「ビジネス数学教育をしましょう！　とても大切ですよね！」と訴えかけても、相手はピンと来てくれませんでした。主な反応としてはこのようなものです。

「ビジネス数学……なんですかそれ？」
「それは……理系の勉強をさせるということですか？」
「数学ではなく数学的……ちょっとよくわからないのですが」
「？？？」

　ところが「御社の従業員を数字に強いロジカルパーソンに変えませんか」とお伝えするととても興味を持ってくださいます。

「ああ、大事ですよねそれ」
「ウチの会社、みんな数字に弱いんです……」
「そもそも管理職にそういう素養がないので困っています」
「DXの時代ですからデータ活用ができることは最低限ですよね」

こんなにも反応が違うのかと驚きました（笑）。

翻って、あなたはいかがでしょうか。もし「数学的な人材」という言葉は理解しつつ、でもやはり直感的にしっくりくる表現でないのなら、「数字に強いロジカルパーソン」と認識（理解）していただいても問題ありません。ご自分でしっくりくるほうを選んでいただければと思います。

ただ、著者である私としては、これまで大切にしてきた「数学的」という言葉を使ってこの先も表現をさせていただきたいと思っています。それほどに私は「数学」と「数学的」の違いにこだわって生きてきました。本書のタイトルにこの言葉が使われていることもその気持ちの表れだと思っていただければ幸いです。

数字とはなにか

ではここから、**数字**と**論理**という2つの重要なテーマについて解説をしていきます。いずれも私たちが普段から当たり前のように使っているがゆえに、意外と「そもそも」の話を聞いたり考えたりすることがないテーマかもしれません。

たとえば「数字とはなにか？」という問いがあるとして、あなたはどのような答えが浮かぶでしょうか。

「数字とは、……数字でしょ？」
「数字とは、計算するものです」
「数字とは、記号である」
「数字とは、ワタシを不快にさせるもの」

じつはこれらはすべて、私が企業研修などの場でお会いしたビジネスパーソンの皆様からいただいた答えの一部です。ここで重要なのはこれらの答え

の正誤ではありません。**そもそも数字というものはなんなのか**、について共通認識を図ることです。

　もしも著者である私の定義が読者であるあなたに共有されていないとしたら、あなたが本書を読んでくださる時間は最初から最後までミスコミュニケーションの状態が続くということになります。通い合えないまま終わるということでもあり、こんなに悲しいことはありません。

　そこでいまから私の定義をお伝えします。この定義は（大袈裟ではなく）本書の根幹を成すものになり、極めて重要なものです。

「数字とは、コトバである」

　コトバとは言語のことです。わざわざカタカナにしていることに重要な意味はありません。私たち人間は心をココロと表現することもあります。なんとなく印象に残りそうだから、ちょっとかっこいいことを言っているように見えるから、程度の理由と思ってください。

　なぜ数字はコトバなのかを説明するためには、「数（かず）」と「数字」の違いを考えることが近道です。そもそも**「数」とは数えられるもののことであり、それは量のこと**といっても差し支えないのではないでしょうか。身長も体重も年齢もすべて数えられるものであり量です。そして**「数字」とはその量がどれくらいか伝わるように表現したもの**です。サラリと説明してしまいましたが、とても重要な一節がありました。

「伝わるように表現したもの」

　伝わる。表現。これらの言葉が使われる文脈とは、**コミュニケーション**です。コミュニケーションにおいて言語は決して欠かせないものです。だから数字とはコトバなのです。

　そしてビジネスにおいてもっとも重要な言語はなにか。言うまでもなく数字です。極めて身近な例をひとつ挙げましょう。

「山田さん、ちょっと時間もらっていいですか？」
「山田さん、1分だけ時間もらっていいですか？」

　前者は山田さんに「ちょっとってどれくらい？」と思わせるコミュニケーションです。それはつまり量がどれくらいか伝わっていないということになります。一方で後者は量がどれくらいか伝わります。「いま忙しいけれど1分で終わるくらいの内容ならまあいいか」と応じてくれることもあるでしょう。

　ビジネスパーソンなら誰もが経験する日常会話ですが、前者と後者の違いはたったひとつ。**数字をコトバとして使っているか否か**です。

「売上、けっこういい感じです」
「いまウチの会社では、この製品がきてます（ブレイクしそうです）」
「我が部署は業務改善できています」

　いずれもビジネスパーソンの会話ですが、「けっこう」「きてます」「業務改善できています」などはこのまま伝えても相手からツッコまれるだけの典型的な表現といえます。**具体的に数字ではどうなのか、何をもってそう主張するのか、しっかり伝えないとビジネスコミュニケーションはうまくいきません**。数字とはコトバである。もう十分すぎるほどあなたに伝わったと思います。

　ちなみに私はこのように数字を使って話すことを「**数会話**」とネーミングして広めています。ある大手企業ではこの「数会話」というワードを合言葉にし、社内のコミュニケーションを改善したり、従業員の価値観を変えていくプロジェクトを進めていただいています。

　少しずつ社内に浸透していき、上層部も当たり前のように「数会話をしなさい」と発信するようになったそうです。たかがネーミング。されどネーミング。名称の力は侮れませんね。

　ではここで少し息抜きをかねて、簡単なエクササイズをご用意します。以

降もトレーニングや仕事への活用を目的に、適度にエクササイズをご提案してまいります。もちろん真剣にお取り組みいただくことも大歓迎ですが、一方で本書を読むことが疲れる作業になってはいけません。内容や体調と相談して、うまく利用していただければ結構です。

また、もしよろしければ職場での勉強会や研修などで使っていただくことも歓迎です。人材育成をサポートする専門家としては、そのような活用法のほうがむしろ嬉しいかもしれません。

エクササイズ

あなたの仕事において、数会話すべきテーマなのにできていない表現はありませんか？　それは具体的にどんな数字で話すと良いでしょうか。

本書は以降、数字を使った仕事術がたくさん登場します。しかしその内容は決して記号の扱い方でもなければ計算の技術でもありません。ビジネスにおいてもっとも重要なコトバの使い方を紹介していきます。ぜひ楽しみにしてください。

頭の良い人は、「数学コトバ」を使いこなす

次は**論理**というテーマについて考えてみましょう。前述のとおり、数学は論理なくして成立しません。すなわち本書で身につけていただく数学的なビジネススキルも論理の活用なくしてありえません。

そもそも論理とはなにかを考えるにあたり、じつはここでもコトバというキーワードが浮上します。

たとえばあなたは論理、あるいは論理的という語句から連想するコトバにはどんなものがあるでしょうか。いわゆる論理的な人がよく使っているコトバ。いかがでしょう。代表的なものをひとつ挙げてみます。

「なぜなら」

おそらく異論はないのではないでしょうか。他にはいかがでしょう。

「よって」
「ゆえに」
「次に」
「以上より」

　このようなコトバが挙げられると思います。じつはこれらは数学において頻繁に使われています。たとえば先ほどご紹介した連立方程式の問題を思い出しましょう。実際に答えを導いてみます。

次の2式を満たすxとyを求めなさい

$x + y = 5$ ……①

$x - y = 1$ ……②

②において式を変形すると、

$x = y + 1$ ……③

次に、 ③を①に代入すると、

$x + y = 5$ → $(y + 1) + y = 5$ → $2y + 1 = 5$ → $2y = 4$ → $y = 2$
……④

よって、 ④を①に代入すると、

$x + y = 5$ → $x + 2 = 5$ → $x = 3$

以上より、 正解は $(x,y) = (3,2)$

　ここで重要なのは、**数学の記述は論理を表現するコトバで進められる**ものだということです。もちろんその途中に計算するという作業は生じます。しかしあなたがどれだけ計算が早くできる人物だとしても、途中に登場する「まず」「次に」「よって」「以上より」といったコトバを使わずに正解を導くことはできません。

　私はこのようなコトバを**「数学コトバ」**とネーミングしています。数学で使うコトバだから数学コトバ。実に単純な理由によるものですが、おそらくあなたにとっては初めて出会った表現なのではないでしょうか。

　すでにお伝えしたように数学とは多面体です。「数学とはなんたるか」という問いには無数の答えがあります。しかし私の立場からは、**数学とは計算力を鍛える学問ではなくコトバの使い方を学ぶ学問**と主張させてください。

　さらに補足をすると、**数学コトバは一般的には接続詞で表現されるもの**と理解いただいて差し支えありません。接続とはつなげるという意味があります。数学とはコトバでつなげて物事を説明する営みなのです。

　極めてシンプルな例を挙げるなら、次のような当たり前と思われる説明もじつは接続詞（すなわち数学コトバ）がしっかり活用されています。

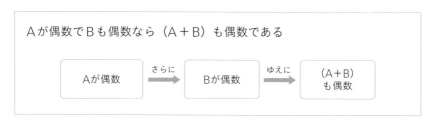

Aが偶数でBも偶数なら（A＋B）も偶数である

| Aが偶数 | さらに | Bが偶数 | ゆえに | （A＋B）も偶数 |

　本書において**論理とは数学コトバであり、それは接続詞で表現されるものである**と定義します。代表的な数学コトバを整理しておきます。もちろんこれらは本書においても頻繁に登場することになります。これらの表現に敏感になっておくことをおすすめします。

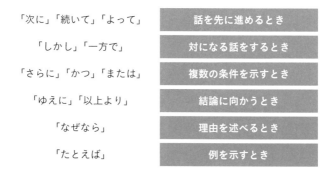

「次に」「続いて」「よって」	話を先に進めるとき
「しかし」「一方で」	対になる話をするとき
「さらに」「かつ」「または」	複数の条件を示すとき
「ゆえに」「以上より」	結論に向かうとき
「なぜなら」	理由を述べるとき
「たとえば」	例を示すとき

あなたの身近に論理的だなと思う人はいるでしょうか。もしいたら、その人の普段の話し方や発するコトバをぜひ思い返してみてください。その人の脳内を覗き見ることはできませんが、普段のコミュニケーションについてはその特徴を認識できるはずです。

　おそらくその人は接続詞を用いながら、ゴールまで無駄なく簡潔に話すタイプではないでしょうか。論理的な人とは数学の勉強ができる人ではありません。**数学で扱うコトバを日常生活やビジネスシーンでも使える人**のことなのです。

　このあたりは本書の後半でたっぷりご紹介しますが、もしご興味あればいまここで簡単なエクササイズに挑戦してみてください。

💡 **エクササイズ** ────────────

あなたの身近に論理的だなと思う人はいるでしょうか。その人が普段のコミュニケーションにおいてよく使うコトバはあるでしょうか。そのコトバを使うことでどんなメリットをその人に（あるいは周囲に）もたらしているのでしょうか。

　ちなみに私がかつて会社員だったときに、「一方で」というコトバをよく使う上司がいました。客観的に見ても常に冷静かつ優秀な人物だったと記憶しています。

「東京は好調です。一方で大阪は……」
「マーケティングの観点ではやるべきです。一方で財務の観点では……」

　「一方で」は対になることを述べる際に使われます。この上司はつねになにかとなにかを比較して論じるので、話す内容に説得力があり、視野が狭く左側しか見えていない人に対してふと右側の存在に気づかせてくれることが何度もあったように記憶しています。

定義・分解・比較・構造化・モデル化

　ここまでの主題は「言語（コトバ）」でしたが、この先は主題が「**動作**」に変わります。繰り返しですが、数学的なビジネススキルとは数字と数学コトバを使うことです。しかしここで説明が終わってしまうと、おそらくあなたの仕事の仕方はこれまでと変わることはありません。なぜならその言語を使うことは十分にわかったけれど、その言語を使って**何をすればいいのかがわからない**からです。

　「何をする」の「する」は具体的な動きを意味します。すなわち、次にあなたに必要なことは次の空欄に入る動作を知ることなのです。

　数字と数学コトバを使って（　　　）する

　まずは結論をお伝えします。次の5つがその答えです。あなたのこの先の人生において極めて重要な動作になる可能性があります。語尾がすべて「する」になっていることに注目してください。

- ・**定義する**
- ・**分解する**
- ・**比較する**
- ・**構造化する**
- ・**モデル化する**

　この5つの表現は本書において頻繁に登場することになります。つまり数学的なビジネススキルを身につけるうえでの基本動作であるということです。

　ここでおそらくあなたの中には「なぜこの5つが数学的なのか」という疑問が生じているはずです。その疑問は極めて自然なものだと思います。ですから少しお時間をいただき、この5つが数学とどう関係しているのかを簡単に説明しておきます。

定義　〜最初に何をするか〜

　定義とは「Aとは〜である」のように、**Aのことを誰もが共通のものとして認識できるよう言語化すること**です。じつは数学とは最初に定義をしないと始められない学問です。残念ながら多くの方はこのことに自覚的ではないようですが、これはとても大切なことです。

　たとえば数学では球という立体を扱います。さて、あえてあなたに質問してみます。

　「球とは、なんでしょうか？」

　いかがでしょう。まんまるのもの。サッカーボールのようなもの。そんな

表現はすぐに浮かびます。しかし、数学に精通した（意地悪な）人間はそのような曖昧な言語化をとても嫌います。すぐにこのように質問が飛んでくることになります。

「まんまるとは、なんでしょうか？」
「サッカーボールのようなものとは、具体的にどういうことでしょうか？」
「ラグビーボールは、球ではないのでしょうか？」

　数学における一般的な球の定義は、「三次元空間で、一定点からの距離が等しい点の軌跡で囲まれた部分」です。数学の専門的な話題には立ち入りませんが、少なくともこの定義があることで、サッカーボールは球だけれどラグビーボールは球ではないとはっきり断言できます。

　この例で私が申し上げたいことは、球がいったいどんな立体なのか、誰もが共通のものとして認識できるよう言語化されていない状態で、球という立体について研究し法則を導くことなど絶対にできないということです。

　なぜならそれを許してしまうと、数学における「球の体積を求めなさい」といった類の問題は答えが無限にあることを許してしまうからです。それはもはや数学ではありません。**数学は扱う題材を最初に定義することから始めるのが作法**なのです。

　もちろんあなたがビジネスシーンにおいて図形の定義をすることなどないでしょう。しかしその考え方を活用する場面はたくさんあるはずです。たとえば同僚とミーティングをする際、冒頭（つまり最初）でその場の定義をしているでしょうか。

「このミーティングは、意思決定を目的にした場である」
「このミーティングは、情報共有を目的にした場である」
「このミーティングは、アイデア出しを目的にした場である」

　優秀なファシリテーターは必ず冒頭で場の定義を行い、参加者の認識を合わせ、ゴールに向かって進行させていきます。この例は数学ではありません

が数学的な動作ではあると思います。

ちなみに（お気づきかもしれませんが）私も本書において定義するという動作をここまでに何度か行っています。

数学的とはなにか？
数字とはなにか？
数学コトバとはなにか？

まさに「球とは、なんでしょうか？」というあの質問と同じです。
そしてなぜこれらの定義を第1章でしているかもおわかりですね。必要な定義は最初にする。それが数学の作法だからです。

分解と比較　〜分析とは何をすることか〜

分析という言葉があります。分析するとは具体的に何をすることでしょうか。私の答えは**「分解」と「比較」を組み合わせること**です。詳しくは追って学んでいただくとして、ここでは簡単に「分解」と「比較」と数学の関係だけ述べておきます。

分解とは文字どおり分けることです。これがなぜ数学と関係するかというと、数学は**「細かく分けることで解けなかった問題が解ける、説明できなかったものが説明できるようになることがある」**ということを教えてくれるからです。
たとえばまるで雲のような図形があったとして、その図形の面積を求めなければならないとしたら困ります。このようなとき、数学では細かく分けるという考え方を使います。

この図形の面積は？

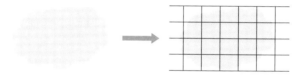

　図形を網目のように分解していくと、この図形はいくつかの正方形が何個か集まった図形と見ることができないでしょうか。さらにこの正方形の面積を小さいものにしていけば、雲のような図形の面積をざっくり捉えることができるはずです。

　これは数学では微分や積分といったテーマで学ぶ考え方であり、「細かく分けることで解けなかった問題が解ける、説明できなかったものが説明できるようになることがある」の典型的な例といえます。

　続いて比較についても簡単に述べておきます。**私たちは数学において数字を使いますが、その特徴のひとつが比較できること**です。

$a < b$　（a と b をくらべると b のほうが大きい）
$x^2 \geqq 9$　（x の2乗と9をくらべると同じ、あるいは x の2乗のほうが大きい）

　数学ではこのような表現が頻繁に登場しますが、いずれも2つの数字を比較していることに他なりません。あなたもよくご存知の「＝（イコール）」という記号も、じつはその記号の左側と右側を比較した結果が同じ量であるという意味なのです。そういう意味で、比較するとは極めて数学的な動作であるといえます。

　翻って、私たちビジネスパーソンはこの分解と比較をいつ行っているでしょうか。つねに使っているという解釈も正しいと思いますが、もう少し具体的にしたものが冒頭の「分析」という言葉です。おそらくあなたは**ビジネスシーンにおいてなにかを考えるとき、そして分析するときに分解と比較をしている**のではないでしょうか。

そのことを確かめる意味で、簡単なエクササイズをご用意しました。よろしければ考えてみてください。

実際にやってもらえるとわかると思いますが、とても窮屈なはずです。この2つが禁止されるということはもはやそれは分析とはいえないのではないでしょうか。考えるという行為すら難しいことに気づきます。

構造化とモデル化　～メカニズムを明らかにする～

構造化とは物事を構造で捉えることを指します。たとえば次のAとBとCは数がどんどん増えていく法則を表現したものです。

```
A：(1、2、4、8、16、…)
B：(1、3、9、27、81、…)
C：(1、3、5、7、9、…)
```

この3つの中でひとつだけ性質の違うものがありますが、それはどれでしょうか。答えはCです。なぜなら、Aは"2倍ずつ"増えていく法則であり、Bは"3倍ずつ"増えていく法則です。しかしCだけは"2ずつ"増えていく法則です。

> A：2倍ずつ増えていく
> B：3倍ずつ増えていく
> C：2ずつ増えていく

　数学ではAやBのことを等比数列と呼び、Cは等差数列と呼びます。ここで重要なのは、数学においてはAとBは構造上同じものであるがCは違うと解釈することです。物事を構造で捉え、メカニズムが同じもの（あるいは似ているもの）と違うものを明らかにしていく。これが構造化するということであり、立派な数学なのです。

　構造化が得意な方はビジネスにおいて考える対象を構造で捉えることができ、それは問題解決に役立つことがあります。

　たとえば他業界で起こった成功事例などを「他業界のことだから関係ない」としてしまうのは少しもったいないと考えます。構造化する発想を持っている人は、その他業界の事例を構造で捉え、起こったことのメカニズムを明らかにし、自分たちの業界に当てはめて同じ成功体験を得ようと試みるのです。

　どこかで「仕事がデキる人は異業種から学ぶ」と聞いたことがありますが、おそらくそれは真実だろうと思っています。

　最後にモデル化について。**モデルとは「型」のようなもの**だと思ってください。たとえばファッションモデルという職業がありますが、モデルの仕事は「服を着ること」というよりは、その服の特徴を「こうなっていますよ」と示すことが仕事だと思います。

　じつは数学はモデルの学問という側面があります。すなわち**「型」をつくって示す**ことです。わかりやすいのが公式や定理と呼ばれるものでしょう。

　たとえば直角三角形の性質をモデル化した三平方の定理（ピタゴラスの定理）はあまりにも有名です。

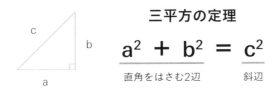

この定理の役割は、直角三角形の特徴は「こうなっていますよ」と示すことです。先ほどのファッションモデルの話と同じであることに気づいていただけるでしょうか。つまり数学とはモデルを使って「こうなっていますよ」と示す学問でもあるのです。

もちろんあなたはビジネスシーンにおいて数学の公式を扱うことはおそらくありません。しかし「こういう性質がありますよ」「こういう法則がありますよ」「こういう関係があることがわかりましたよ」と説明する場面はあるかもしれません。たとえば次のような法則や理論です。

パレートの法則（80：20の法則）
ランチェスターの法則
プロスペクト理論

これらは誰かがテキトーに提唱したものではありません。さまざまな事象を分析し、仕組みやメカニズムを明らかにし、「こういう性質がありますよ」と説明した結果なのです。モデル化はビジネスパーソンにも大いに関係あると少しでも伝わっていれば嬉しいです。

ではここでも簡単なエクササイズをご用意します。

> **エクササイズ**
>
> あなたがよく知っている「社会的な問題」をひとつ思い浮かべてください。高齢化社会、学校の教員不足、SNSなどで起こる誹謗中傷など、できるだけ身近なテーマが良いと思います。
> それはどのようなメカニズムで起こっている問題なのでしょうか。ある

いはどんな法則や理論で説明できるでしょうか。

以降も本書において構造やモデルという表現が何度か登場することになります。ぜひ注意して読み進めてみてください。

以上で5つの動作についての説明が終わりました。そろそろ第1章のまとめに移ります。

考える・読む・書く・話す・見せる

私はあなたに「言語（コトバ）」の話をし、そして次に「動作」の話をしました。そして本章の最後に、**「行為」**の話をすることになります。行為とは行い、ふるまいのことです。もしかしたら人によっては動作と行為の定義が異なる可能性もあるので、まずは私なりの定義を明確にします。

行為：成果に直結させる行い
動作：行為をするために必要なこと

たとえば先ほどご紹介した5つの動作を思い出しましょう。定義、分解、比較、構造化、モデル化、それぞれとても大切なことです。そしてこれらは物事を考えたり、読み解いたり、アウトプットしたりするときに使うものです。

先ほど同僚とのミーティングの事例をご紹介しましたが、定義そのものがミーティングをうまく進めるわけではありません。定義して「話す」という行為をしたからうまく進むのです。分解そのものが成果に直結するのではありません。「考える」という行為において分解というエッセンスを取り入れるので良い分析ができ、成果に結びつくのです。

あなたはおそらく仕事で成果を出したいと思っています。ならば動作を学

んだだけでは足りません。行為を変える必要があります。私が考える、ビジネスパーソンが成果を出すために必要な行為をすべてご紹介します。

- **考える**
- **読む**
- **書く**
- **話す**
- **見せる**

　こうして書き出してみると極めてシンプルです。当たり前のことじゃないかと思われるかもしれませんが、私はそのご指摘を否定しません。その「**当たり前**」**のクオリティの差でビジネスパーソンのクオリティは決まっている**と思っているからです。

　たとえばあなたが昨日、いつものように仕事をしていたとします。おそらくこの5つの（当たり前の）行為を実際に行ったのではないでしょうか。

　次のミーティングの内容を考える。部下から提出されたレポートを読む。大切なお客様にメール（文章）を書く。上司と1対1で話す。スライド資料を見せながらプレゼンテーションする。ビジネスパーソンであれば誰しも日常で行うことでしょう。

　成果が出ている人とそうでない人の違いは、このような極めて当たり前の、誰しも日常で行う普通のことの質が違うから生じるのではないでしょうか。

　もしかしたらこの主張はあなたにとってあまり気持ちの良いものではないかもしれません。当然ですがあなたを否定するつもりは毛頭ありません。

　しかし、これがビジネスパーソンを育成する専門家として、これまで2万人のビジネスパーソンとお会いしてきて学んだ結論です。とても大切なことだと、私は信念を持ってお伝えしています。

　本書はここから先、いくつかの章に分けて、これらの行為の質を高めるた

めの提案をしていきます。考える、読む、書く、話す、見せる。これらが少しでも変われば、必ず成果に結びついていきます。ぜひ最後までお付き合いください。

　最後に、本書の内容をまとめたものが次の図です。言語と動作と行為がどんな関係になっているか。本書のテーマである数学的なビジネススキルとはいったいなにか。あらためてご確認ください。

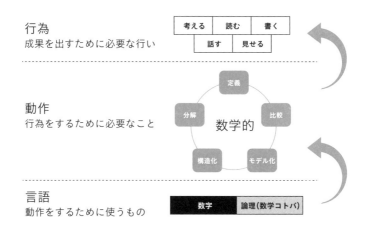

なお、ご紹介した5つの動作（定義、分解、比較、構造化、モデル化）については極めて簡単な説明にとどめました。もう少し丁寧な解説や具体例が欲しいという方は、巻末に参考図書のご紹介がございます。ぜひそちらを参照いただければと思います。

第2章

数学的に考える
（ファクトベース編）

1 「数学的に考える」とはなにか

「考える」とは答えを出すこと

考える。

私たちビジネスパーソンにとって、これほど大切な行為はありません。

そうは思わないという方は本書の読者にはいらっしゃらないのではないでしょうか。なぜこれほどまでに「考える」とは大切なのでしょう。私とあなたとで共通認識を図るために、ひとつ問いを用意しました。

「考える」の目的は？

これまでと同様にあなたの答えをリスペクトしたうえで、私の答えを共有させてください。

答えを出すこと。

私たちビジネスパーソンは答えを出していなければ何も考えていない、何もしていないことと同義であると周囲から思われてしまいます。我ながらとても厳しいことを申し上げているように感じますが、一方で真実でもあるように思います。

たとえばあなたが会社員だとして、その会社の経営トップが「自分なりにちゃんと考えましたが、結局どうしたら良いかわかりません」では困ってしまうでしょう。

考えるとは、答えを出すこと。このシンプルな結論を大切にして、ここから第2章をご案内してまいります。

「数字で考える」には2種類ある

数学的に考えるとは、数字と論理（数学コトバ）を使って考えることです。

論理を使って考えると聞けば、ほとんどの人は**ロジカルシンキング**という言葉を思い浮かべます。

「なぜなら」「だから」「一方で」「よって」「以上より」……

ロジカルシンキングとは文字どおり論理を使って考えることです。ですから私なりの表現をするなら、それは**"数学コトバを使って考えること"**となります。

本書を読んでくださるみなさんならば、おそらくロジックツリーやピラミッドストラクチャーといった言葉を見聞きしたことがあるでしょう。いわゆるコンサルタントと呼ばれる人たちが使う思考のフレームワークのことですが、じつはこれらすべて数学コトバなしでは成立しないものばかりです。たとえばもっとも典型的なのが**三段論法**でしょう。

AならばB。BならばC。よってAならばC。

ご覧のようにAとBとCが数学コトバで接続されています。数学コトバを使わずにロジカルシンキングをすることは不可能なのです。おそらくあなたもこのことに疑いはないでしょう。

そこで文脈をもうひとつの対象に向けたいと思います。すなわち、**数字で考えるとはどういうことか**というテーマです。

じつは数字で考えるという行為には大きく2種類あります。そのことをご理解いただくため、唐突ではありますが次の1文を読んでみてください。

「新製品はお客様に好評です。だから、増産すべきです」

"だから"とは接続詞であり、つまり数学コトバと考えられます。そういう意味で、この1行は次のような構造をした論理的な内容といえます。

　「Aです。だから、Bです」

　ここで重要なのは、**Aが事実なのか仮定なのか**という視点です。
　「新製品はお客様に好評です」は事実なのか、あるいはこの発言をした人物の単なる印象や思い込みなのか。もし後者だとすると、新製品はお客様に好評であると仮定したうえでBという主張をしていることになります。Aは事実ではなくその人物の仮定なのです。

　この例を通じてあなたにお伝えしたいのは、ビジネスにおいて使う言語には事実ベースの言葉と仮定ベースの言葉の2種類があるということです。さらに私は第1章において数字とはコトバであると定義しました。ここから導き出されることはたったひとつです。

　数字には事実ベースのものと仮定ベースのものがある。

　本章はこの「事実ベースの数字」をテーマに展開されます。しかしここで「仮定ベースの数字」という概念に疑問を持つ方もいらっしゃると想像します。そもそも数字とは事実を表現するものではないのか、という疑問です。
　あなたの年齢という数字は事実であり、過去10年間の実績という数字も事実です。数字とは事実を表現するものという感覚は私にもよくわかりますし、この第2章で展開される内容はすべて「数字＝事実」として論じられるものです。

　では仮定ベースの数字とは、はたしてどんなものなのか。それは第3章においてたっぷりご紹介する予定ですので楽しみにしていてください。
　そしてここからはこの事実ベースという概念は**ファクトベース**という表現をさせてください。ベースという表現が英語ですので、英語表現でスッキリ統一させたいと思ったのが理由です。

準備が整いました。ファクトベースの数学的思考を存分にお楽しみください。

┃「答えを出す」＝「意味づけする」

ファクトベースで答えを出す。それはつまり、**与えられた数字に対して意味づけすること**に他なりません。意味づけするとは文字どおり、その数字に意味を持たせることです。抽象的な説明なので具体例をひとつ挙げます。

私が代表取締役を務めるBMコンサルティング株式会社はいわゆる研修業界において事業を展開している会社です。そして弊社が主戦場にしている企業向け研修サービス市場の2020年度の市場規模は4,820億円だったといわれています。

ここで重要なのはこの4,820億円という数字は私たちビジネスパーソンにとって「答え」を示す情報になっていないということです。実際、あなたはこの4,820億円が増えたのか減ったのか、どういう意味を持つ数字なのか、これだけではわからないはずです。「だからなんなの？」という疑問を持つのが自然でしょう。

しかし、もしこの数字と前年の数字を比較したとしたら、この4,820億円という数字に意味が生まれます。実際、矢野経済研究所の調査にはこのような記述がなされていました。

2020年度の企業向け研修サービス市場規模は、事業者売上高ベースで前年度比8.5%減の4,820億円と推計した。[1]

前年と比較して減った数字であると明確に表現されています。あなたはお

---

1) 矢野経済研究所「企業向け研修サービス市場に関する調査を実施（2021年）」、https://www.yano.co.jp/press-release/show/press_id/2765（2023年12月11日閲覧）

そらく、「研修業界もコロナ禍の影響があったんだな」とすぐに理解するでしょう。これが私たちビジネスパーソンにとっての「答え」であり、数字に意味を持たせるということです。

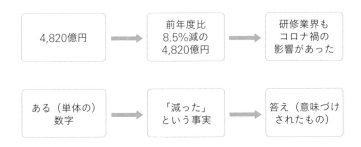

　ここで注目したいのは、ある数字から答えを導く過程において**どんな動作がなされていたか**ということです。もちろん答えは**比較**です。前年度比とはまさしく比較した結果のことであり、**比較という動作は数字に意味づけをするために極めて有効な動作**なのです。

　加えて、**数字は分解することによって意味づけする**こともできます。
　先ほどの4,820億円という数字は企業向け研修サービス市場における事業者売上高ですが、実にさまざまな分解ができるのではないでしょうか。
　たとえばその事業者を大企業と中小企業に分ける。あるいは提供したサービス内容をオフライン型とオンライン型に分ける。そうして前年と比較することができれば、先ほど言及した「コロナ禍の影響」というものがもう少し具体的になる可能性があります。

　極めてシンプルな例でしたが、これが数字を使って考えるということであり、いわゆるデータ分析や定量分析といった表現で紹介されていることの本質です。これら"○○分析"といった表現は直感的に「理系出身の人がする専門的なこと」「エクセルや人工知能を活用して膨大なデータを扱うこと」とイメージさせるかもしれません。しかし本来はもっと手前の、ごく基本的なことを指しているに過ぎません。

5つの動作で答えを出す

　繰り返しですが、ファクトベースで答えを出すとは与えられた数字に対して意味づけすることです。しかし私たち人間は何もすることなくボーッとしていれば数字に対する意味づけができるわけではありません。意図的になんらかの動作をすることで初めてそれが可能になります。

数字
↓
動作（定義・分解・比較・構造化・モデル化）
↓
意味づけ（答え）

　定義。分解。比較。構造化。モデル化。要するに**ファクトベースの数学的思考とは5つの動作をすることで数字に対して意味づけをし、答えを出すこと**といえます。

　そこでここからはファクトベースで答えを出す仕事術を存分にご紹介していきます。明日からすぐにできる実践的な内容なので、ぜひ楽しみながら読み進めてください。

2　「定義」「分解」「比較」から数学的に考える

「数字の定義」に敏感であること

　さっそくですが、あなたは**「数字の定義」**を気にしたことがあるでしょうか。

たとえばビジネスでよく扱われる指標として在庫回転率という数字があります。あなたの職場においても、「この商品は回転が速いから良い商品だ」といった言及を聞いたことがあるかもしれません。

　ところでそもそも在庫回転率とはなんでしょうか。どんな計算式で求められるのでしょうか。なんとなく「在庫の回転の速さを示す数字」くらいの認識は誰でも持てますが、この数字の定義を述べられる人は案外少ないように思います。一般的な定義は次のとおりです。

【在庫回転率】
一定期間内に在庫がどの程度入れ替わったかを示す指標。一般的には金額ベースと個数ベースの計算方法がある。
金額ベース：在庫回転率＝期間売上原価／期間平均在庫金額
個数ベース：在庫回転率＝期間出庫数／期間平均在庫数

　ここで重要なのは、在庫回転率という数字には2種類あり、それらは必ずしも一致しないということです。ビジネスの世界には「販売数は減ったけれど売上は増加した」といった事例はいくらでもあります。金額ベースの数字と個数ベースの数字は、根本的に違う数字なのです。

　もしあなたが経営者なら、金額ベースの在庫回転率を気にするかもしれません。経営に従事しているわけですから、つねに「お金」がモノサシだからです。
　一方であなたが現場で在庫管理を担当しているとしたらいかがでしょうか。在庫管理の改善がミッションだとするなら、おそらく個数ベースの数字のほうがあなたの知りたい実態を捉えているはずです。

　そう考えると、単に「在庫回転率がアップしたので現状は心配いらない」という意味づけを真に受けてしまうのはとても危険であることに気づいていただけるでしょう。その数字が金額ベースなのか個数ベースなのかを確かめないことには、本当にその結論が正しいかどうか断定できません。

ビジネスにおいて正しい答えを導こうとする人は、このような曖昧な認識や不明確な数字の定義をとても嫌います。少し疑うくらいの感覚でちょうど良いのかもしれません。

第1章でも話題にしましたが、数学において定義とは最初にする作法です。もしその定義が自分の認識と違っていたら、その数学の記述を読むことはまったく無意味な行為となります。**私たちのいるビジネスの世界においても、まず定義を確認することはとても数学的な動作**なのです。

一般論として、物事は最初を間違うとすべて間違えます。正しい答えを出すということからもっとも遠ざかることをしていることになるので、ぜひ気をつけたいところです。

翻って、あなたの仕事においてよく使う表現なのにじつは定義がよくわかっていない、あるいは曖昧だと感じているものはありませんか。そしてそれがもし数字というコトバで表現されるものだとしたら……危険な香りがします（笑）。

あえてエクササイズとはしませんが、ぜひ一度考えてみてはいかがでしょうか。

「そのサイズでいいのか？」という視点

次に分解という動作について一緒に考えていきましょう。あなたは数字に意味づけをしていくときに、「**サイズ**」を気にしたことがあるでしょうか。

たとえばある化粧品ブランドの2020年度から2023年度までの売上高が次の図のように表されているとします。ざっと眺めたところ大きな変動はなく、ほぼ横ばいで推移してきていると考えるのが妥当でしょう。

しかしこういうときこそ、サイズを気にしたいものです。具体的には、**「全体」という大きい状態のまま数字を読むべきなのか、あるいはもっと小さい「部分」という状態で数字を読むべきなのか**、という視点です。

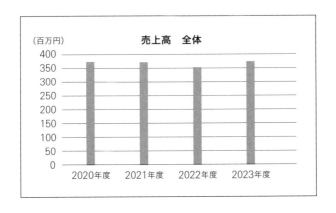

　この化粧品ブランドがメンズ製品とレディース製品を展開しており、上図の数字はその合計値だとします。合計値（全体）がほぼ変わらないからといって、メンズ製品やレディース製品の数字（部分）までほぼ変わらないとは限りません。そのことを確かめるための唯一の方法が分解することです。

　下図のようにメンズ製品とレディース製品に分解し、そして比較することによって実態が明らかになります。レディース製品は緩やかな減少傾向ですが、メンズ製品は明らかに上昇傾向を示しており、メンズコスメ市場に勢いと可能性があることを窺わせます。もし私がこのデータを見たら、レディース製品の改善を図るのかメンズ製品に力点を置いていくのかをすぐに議論し

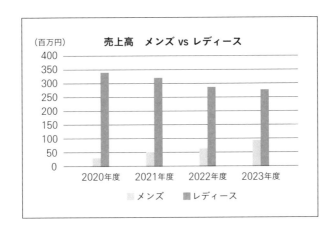

たいと思うでしょう。

分解されたグラフのほうが分析する人にとってメリットのある情報であることは言うまでもありません。誰でもできるとても簡単なことなのに、つい「大きいサイズ」のままで分析を終えてしまうとしたら、これほどもったいないことはありません。ぜひ今日からはサイズを気にしてみてください。

第1章でも少し述べたことですが、数学という学問は物事を細かく分けることで道が開けることを教えてくれます。そういう意味でも、サイズという視点はとても数学的なのです。

「2×2マトリクス」で縦と横の比較をする

次に比較という動作について一緒に考えていきましょう。

先ほどの例でも明らかなように、ある数字に意味づけをするためには別の数字と比較することが必要です。ならば今後は**強制的に比較せざるを得ないツールを使って考える**ようにしてはいかがでしょうか。私はそのツールを**「2×2マトリクス」**と呼んでいます。ビジネスにおいて、マトリクスは情報を整理するための図といった意味合いで活用されます。

ご覧のとおり4つの枠が空欄になっている、極めてシンプルな表です。極めてシンプルではありますが、数字に意味づけをするためのパワフルなツールであると自信を持って断言します。

	基準とする数字	比較する数字
テーマとなる対象		
「一方で」「逆に」		

たとえばある企業の業績が前年比80％だったとしましょう。昨年よりも

数字を20％落としてしまったということであり、改善の必要性があると意味づけするのが一般的でしょう。その意味づけができるのは、昨年の数字を100としたときに今年の数字が80であり、この2つを比較したからです。

	今年の数字	昨年の数字
ある企業	80	100
市場全体		

　多くのビジネスパーソンは、このようなたった1回の比較だけで答えを出した気持ちになってしまいます。しかし本当にその結論が正しいのか、少しだけ疑う気持ちを持ってみてはいかがでしょうか。具体的には、**数学コトバを使って他の角度からの比較も試みる**のです。

　そこで登場するのが「**一方で？**」と「**逆に？**」という問いかけです。これらはいわゆる接続詞であり、数学の記述においてもよく使われるコトバです。もしここで「一方で？」という問いかけをすることができたら、「一方で、市場全体ではどうだったのか？」という視点が生まれるかもしれません。
　もしこの年に大きな災害や疫病などが発生し、その影響を大きく受けてしまったとしたら、市場全体の数字が50％減少するということもありえます。その場合の市場全体における昨年の数字を100とすれば、今年の数字は50となります。

	今年の数字	昨年の数字
ある企業	80	100
市場全体	50	100

　するとあなたは左上にある80という数字をその真下にある50と比較し、昨年と比較して20％は減少したものの、市場全体とくらべるとそれほど大

きな減少ではなかったという事実を確認します。そしてそれを踏まえ、おそらく「この企業は苦しい環境の中、比較的よく頑張った」といった意味づけをするのではないでしょうか。

100と80の比較
→「この企業は改善の必要性がある」

50と80の比較
→「この企業は比較的よく頑張った」

驚くべきことに真逆の意味づけになってしまいました。あなたはこのどちらを「実態を正しく捉えた答え」「ちゃんと考えた末の答え」「ファクトベースの答え」と思うでしょうか。おそらく後者のはずです。あなたがそう思う最大の理由は、**違う角度からの比較もしたうえで評価した結果だから**です。

ですからあなたも今後はたったひとつの比較だけで短絡的に答えを出すのではなく、できれば複数の比較を用いて多角的な評価をし、答えを出してはいかがでしょうか。具体的には最低でも２つの比較が欲しいと考え、この２×２マトリクスを使うことを提案しています。

あるいはこのような例もあります。

ある企業のマーケティング担当者が、自分がつくった広告が購買に大きく影響することを上層部に向けて主張するため、次のような説明をしたとします。

「実際に広告を見たことのあるお客様にアンケートをとった結果、なんと80％もの人が実際にその商品を買っていました。やはり今回の広告は購買に大きく貢献したと思われます」

この主張はアンケートに回答してくれた人を100とし、買ったと答えた人が80いたという２つの数字を比較したことで生まれたものでしょう。そこで本当にその結論が正しいのか、少しだけ疑う気持ちを持ってみます。

もしここで「逆に？」という問いかけをすることができたら、「逆に、広告を見ていない人の購買率はどうだったんだろう？」という視点が生まれないでしょうか。実際にアンケートをとって確かめてみたところ、なんと90％の人が「買った」と答えたとしたら……。

　購買に貢献どころか、広告の有無は購買にはまったく関係していない可能性も浮上します。むしろ広告なんて止めるべきだという結論もあるかもしれません。驚くべきことに真逆の意味づけになってしまいました。

	買った	全員
広告を見た	80	100
広告を見ていない	90	100

100と80の比較
→「広告は購買に大きく貢献した」

90と80の比較
→「広告は購買にまったく影響しない」

　ご紹介した２つの事例が構造上まったく同じであることに気づいていただけたと思います。つまり数字への意味づけがうまくできないケースにはパターンがあるのです。せっかく手元に事実を示す数字があるのなら、それは極めて重要な、何よりも正しい情報のはず。正しい情報を扱えるのですから、正しい答えを出したいものです。ぜひ数字で考えるという行為の基本として取り入れてみてください。

　余談ですが、私はこの２×２マトリクスを使うことを「**必ず縦と横の比較をしましょう**」という表現でビジネスパーソンにお伝えしています。なぜ縦と横なのかは、ここまで読んでくださったあなたには説明不要でしょう。

3 「構造化」から数学的に考える

データ分析は、データを使ってはいけない

ここからは構造化をテーマに話が展開されます。先は長いですから、もしお疲れでしたら少し休憩したり、コーヒーでも淹れてリラックスした状態をつくってから読み進めてください。

この数年、私は企業から**「データ分析・超入門」**というプログラムの研修提供を相談される機会が増えました。「入門」ではありません。「超入門」です。セミナー業界でも、なかなか「超」をタイトルにつけることはありません（笑）。なぜいまそれほどまでに「データ分析・超入門」が求められているのか。少し説明をさせてください。

あなたも「データ分析」という言葉は何度も耳にしたことがあると思います。文字どおり、データ（数字）を使って分析するという意味です。

ご存知のように昨今はDX時代と呼ばれ、デジタル技術を駆使して変革を実現し、価値を創出できる組織あるいは人材に変わることが強く求められています。デジタル技術を駆使するということはさまざまなものを自動的に記録できるということです。それはつまりさまざまなものがデータとして残るということに他なりません。

ですから、「データをうまく使って仕事ができるようになりましょう」という類の掛け声は極めて自然なことといえます。

しかし多くのビジネスパーソンはそもそもそのような仕事の仕方を教えてもらっていません。教えてもらっていないことを「さあ今日からやりましょう！」と言われても困ってしまう。それが現代のビジネスパーソンの本音です。

私の研修プログラム「データ分析・超入門」がいまこの時代にフィットしている理由はこんなところにあるのかもしれません。

　他方、**データ分析という仕事ができるかどうかと、あなたが学生時代に文系だったか理系だったかはまったく関係ありません。**たとえば学生時代にどんなに数学が得意だった人でも、いま職場でデータ分析を正しくできていない人がたくさんいることを私はこの活動を通じて知りました。どうか文系・理系といった本質的でない区別に惑わされることなく、先入観を捨てて読み進めてみてください。

　ここから私があなたにお伝えしていくことは、この「データ分析・超入門」の内容の中で絶対に外すことのできない重要なエッセンスだけを取り出したものです。そしてその中でも最大のポイントとなる考え方が次の1行です。

　データ分析は、データを使ってはいけない

　「矛盾している」や「意味がわからない」と思われた方こそ、ぜひこのまま読み進めてみてください。

とりあえずデータを触る症候群

　私の知人にデータ分析によるコンサルティングを提供している人物がいるのですが、面白いことをおっしゃっていました。

　たまに困ったクライアントさんがいるんです。彼らに共通する思想はこんな感じです。

　「ウチの会社は創業50周年。とくに代わり映えがしない。なにか改革をしなければと思っています。ウチの会社にはデータがたくさん蓄積され

ています。とりあえずそれをすべて預けますので、これでなにかわかりませんか？　なにかできませんか？　どうかよろしくお願いします！」

あまりに乱暴な依頼だなと苦笑いするしかありません。そもそもこの会社が何をどうしたいのかがわからない状態で、ただデータだけ預けられたって、私は何もすることができません。

　私自身はとても共感する内容でした。データがたくさん蓄積されているんだからなにかわかるだろう（できるだろう）、データをかき集めればビジネスは成功するだろう、といった先入観。あなたの脳内やあなたの職場には絶対にないと断言できるでしょうか。

　データ分析はたしかにデータを使います。でもデータは主役ではなく、あくまでも脇役に過ぎません。データがたくさんあれば目的を達成できるわけではありません。データ分析のプロにお金を払えば、すべて自動的に解決できるわけではありません。

　そういう意味で、先ほどお伝えした「データ分析は、データを使ってはいけない」という1文を正確に述べるなら、**「データ分析は、データを主役にして使ってはいけない」**となります。

　この話は料理にたとえるとわかりやすいと思います。料理とはデータ分析のことで、料理で使う素材がデータだと思ってください。

　たとえばあなたが料理をつくるとします。想像してください。いま手元にはたくさんの素材が並んでいます。肉や野菜や魚。世界中の料理人が羨むほどに豊富な素材が並んでいるとします。

　さて、あなたがなにかをつくり始めるとき、最初にすることはいったいなんでしょう。おそらく**何をつくるかを決めること**です。ハンバーグをつくるのか、炊き込みご飯をつくるのか、それを決めてから必要な素材だけを選び、洗ったり切ったりといった作業を始めるはずです。

何をつくるかを決める　　➡　　必要な素材だけ扱う

何をつくるかを決めないうちにとりあえず野菜を洗ったり肉に下味をつけたりするわけがありません。料理をほとんどつくったことがない人ですら、このことを当たり前のことだと思うはずです。

　ところがデータ分析というテーマになった途端、この当たり前のことを忘れてしまう方がたくさんいます。すなわち、いまから何をするのかを決めないうちにとりあえずデータ（素材）を触り始めてしまうのです。私はこれを**「とりあえずデータを触る症候群」**と命名しています。

　世の中は便利になりました。なんでも簡単にデータが取得できるようになり、パソコンを開けばすぐにびっしりと並んだデータを閲覧することができます。会社のデータベースにアクセスすれば、いとも簡単に膨大なデータを素材として入手することができます。それゆえ、つい私たちは目的を明確にすることなく、なんとなくデータを触り始めてしまうことはないでしょうか。

　その典型的な例が次のような作業です。

> エクセルを開き、担当する業務に関するデータがびっしりと並んだファイルを開く。とりあえず四則演算（＋－×÷）と最近覚えた関数を使って新しい指標を計算し、整理し、色をつけ、グラフ化し、他にすることがなくなったら手を止める。ざっと数字を眺め、特徴的な数字や傾向がないことを確認し、そのファイルを念のため保存して閉じる。

　いかがでしょう。心当たりのある方もいるのではないでしょうか。これは単なるデータ整理にすぎず、データ分析ではありません。料理において何をつくるかを決めないうちにとりあえず野菜を洗ったり肉に下味をつけたりすることと同じです。

　先ほどデータ分析によるコンサルティングを提供している人物の発言をご紹介しましたが、あれはまさに「とりあえずデータを触ってくれ」と言っていることと同じです。あまりに乱暴な依頼だと苦笑した理由もおわかりいただけるのではないでしょうか。

では正しいデータ分析とはどのようなものなのか。次項から説明いたします。

▌問題提起→構造化→仮説構築→データ分析→課題発見

繰り返しですが、「**とりあえず素材を触るのではなく、まずは何をつくるのかを決める**」という考え方が極めて重要です。つまり素材を触る前にその仕事の定義をしようということです。

一般論として、仕事とは問題解決です。職場の問題。大切なお客様の問題。私たちの仕事はそれらが解決できたときに初めて「できた」と評価されるものです。ならば**データ分析の目的もなんらかの問題解決になっていなければ嘘**です。私は研修の現場において、誰でも正しいデータ分析ができるようになる「型」として次のようなものをご紹介しています。

STEP1 問題提起
↓
STEP2 構造化
↓
STEP3 仮説構築
↓
STEP4 データ分析
↓
STEP5 課題発見

問題：提起するもの
仮説：構築するもの
課題：発見するもの

まずは用語の定義をします。問題提起とは問題を定義すること。構造化は第1章でご紹介しておりますのでここでは省きます。仮説構築とは「もしか

したら〜ではないか」という仮の答えをつくること。課題発見とは問題を解決するための具体策を見つけることです。

　そしてこの「型」をご覧いただくことでほぼ自動的にデータ分析とはなにかもわかります。**データ分析とは仮説が正しいかをファクトベース（つまり数字）で確かめ、課題を明らかにすること**です。目的なくデータを整理することはデータ分析とは呼ばないことをあらためて確認してください。

ビジネスパーソンは構造化が苦手

　ではあらためて、ご紹介した「型」を確認します。

　　問題提起→構造化→仮説構築→データ分析→課題発見

　じつはこの５つのプロセスの中で、圧倒的にビジネスパーソンが苦手としているものがひとつあります。それは２番目に位置する**構造化**です。その理由をご理解いただくために、いまからあなたに２つエクササイズを預けてみます。

💡 **エクササイズ**

いまあなたが解決したい問題をひとつ挙げてください。

　いかがでしょうか。若手が育たない。営業数字が伸びない。上司との関係がうまくいかない。挙げようと思えばいくらでも挙げることができるのではないでしょうか。

　では次のエクササイズに進みます。

エクササイズ

先ほど挙げた問題は、どのようなメカニズムで起こっているのでしょうか。明らかにしてください。

いかがでしょう。途端に考えることが面倒なテーマになったと思わないでしょうか。第1章において構造化の説明をした際、メカニズムという表現を用いたように、**構造化にはメカニズムを明らかにするという重要な側面がある**のです。

ところがこのような構造化する思考法に慣れていない方はつい面倒に思ってしまい、このプロセスを飛ばして仕事を先に進めようとしてしまいます。

私もその気持ちはとてもよくわかりますが、**構造化ができていないと、次のプロセスである仮説構築はテキトーなものになってしまいます。**すると、その後のデータ分析で扱うデータがどれだけ正確な情報だとしても、結果として発見する課題はテキトーなものになり、結果、あなたのその問題が解決できる可能性は極めて低くなってしまいます。

言い換えれば、**あなたの頑張りが間違った努力になる可能性が高い**のです。これほど悲しいことがあるでしょうか。

問題提起は簡単にできる
↓
しかし構造化が難しい（**←ココが重要**）
↓
構造化をサボってしまう
↓
いきなり的外れな仮説をつくってしまう
↓
データ分析で扱うデータが正確だとしても、発見する課題は的外れなものになってしまう
↓

その課題を実践しても成果につながらない（無駄な努力をしている残念
な人）

これが間違ったデータ活用のメカニズムであり、成果が出ない人に共通す
る特徴です。2番目に位置する構造化が分岐点になること、じつはデータを
触る前で勝負が決まってしまうこと、とりあえずデータを触る症候群がいか
に「悪」であるか、もう十分に伝わったと思います。

「わける」と「つなぐ」

**データを活用して問題解決するという仕事は、データを触る前の構造化の
質で決まります。**事実、いま世の中に存在するビジネスセミナーやビジネス
書と呼ばれるコンテンツでも、この構造化というテーマだけで1日を費やし
たり、1冊の本になったりするほど奥深くかつ重要なテーマになっていま
す。

一方で、忙しいビジネスパーソンがいまからその学習やトレーニングのた
め多くの時間を割けるとは思えません。これ以上ないほどシンプルに、短時
間で、簡単に、日常の中でそれを訓練できる方法はないか。私は人材育成や
能力開発の専門家として、このテーマを徹底的に研究しました。いまからあ
なたにその研究結果をご紹介します。問題を構造化して答えを出していくと
いう動作をこれ以上シンプルに説明することはできないと断言します。

「わける」と「つなぐ」

「わける」とは分解という動作のことだと思ってください。**「つなぐ」とは
数学コトバでつなぐこと**だと思ってください。その内容は実際に私が研修コ
ンテンツとして開発し、企業の人材育成やトップアスリートの考える力を鍛
えるためのアプローチ法として活用され、ご評価いただいてきました。どう
か信じていただきたいと思っています。

まずは簡単なエクササイズを用いて感覚を掴んでいただきます。

エクササイズ

美味しいラーメンをつくるためには、どの素材にこだわるべきか？

「なぜ唐突にラーメンの話？」と思われるかもしれませんが、これは立派な問題解決のためのトレーニングであり、構造化を理解するための重要な練習です。

ラーメンがお好きな方であれば瞬間的に「そりゃ出汁だろう」と思うかもしれません。じつは重要なのはその答えではなく、その答えをどのようにして導いたかです。

「そりゃ出汁だろう」と答えることができる人は、おそらく頭の中でラーメンというものがどういう構造をした食べ物なのかを（無意識に）明らかにしたはずです。図解するなら次のような姿をしていることでしょう。

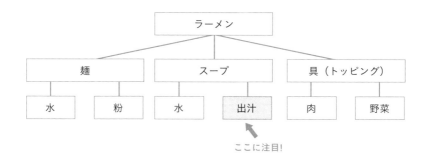

ここに注目!

私たちはこのような図を描く際、間違いなく「わける」をしています。さらにこの図の中でさまざまな比較をし、出汁に注目することになります。そして出汁にこだわることで美味しいラーメンになるという論理を組み立てます。その際に使うのが「つなぐ」です。つなぐとはまさに接続を意味し、接続詞の機能を持つ数学コトバを使うことになります。

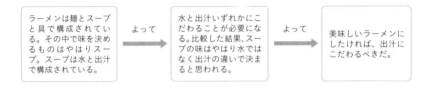

　先ほどのエクササイズにおけるあなたの答えが「そりゃ出汁だろう」ではなく「そりゃネギだろう」だったとしても、その結論を導いたプロセスはおそらく私の解説と似たものではなかったでしょうか。これが「わける」と「つなぐ」であり、問題を構造化することで課題を明らかにしていく方法なのです。

　ちなみに研修などトレーニングの現場では、参加者から「構造化はどうすれば上達するか」というご質問をよくいただきます。いまあなたも同様の質問をしてみたい衝動に駆られたかもしれませんが、じつは私の答えは一貫して**「とにかく継続すること以外にありません」**という、まるで根性論ともとれるものに終始しています。なぜこの答え以外にないかというと、思考力と呼ばれるものは身体的なものだからです。

　繰り返しですが、私は構造化して問題解決するということをこれ以上シンプルに、かつ本質を残して説明することは不可能だと思っています。つまりこれを避けて上達するなどありえないということです。
　ですから、どうか「わける」と「つなぐ」というアプローチを頼りに、実際に行う際は紙に書くなどして手を動かしながら作業をしてみてください。**「わける」と「つなぐ」は知識ではなく、頭に（身体に）覚えさせるもの**です。このテーマには残念ながら魔法は存在しません。徹底的に手を動かし、覚えるしかありません。少しずつでもぜひ継続してみてください。

4 「モデル化」から数学的に考える

説明力と説得力が備わる、数学的モデルの活用

　この第2章もいよいよ後半に入ります。引き続きファクトベースの数学的思考を学んでいきますが、ここからは「モデル化」がテーマになります。

　あなたはこれまでの文脈から、ともすれば私が難解な数学理論や関数を否定しているように感じられたかもしれません。しかし当然ながらそんな意図はまったくありません。5つのプロセスで成り立つ「型」を遵守いただけるのであれば、必要に応じて数学理論や関数を使うことは推奨する立場です。

　そこでここからはビジネスで使う数学理論の中で、次の条件を満たすものを厳選してご紹介することにします。

条件その1：誰でも簡単にできること
条件その2：にもかかわらず得られるメリットが大きいこと
条件その3：数学的モデルを使うこと

　「その1」と「その2」はあなたも大歓迎でしょう。「その3」について簡単に補足をします。私は数学的モデルと表現しましたが、専門家によっては数理モデル、数学モデルといった表現をすることもあります。これらは同じ意味で使っているものだとご理解ください。

　第1章において、数学はモデルの学問という側面があるとお伝えしました。与えられたデータから「型」をつくり、「こうなっていますよ」と示すことができる便利なツールでもあるのです。そこでここでは私が厳選した2つの分析手法をご紹介することにします。

①標準偏差を用いた範囲の説明
②単回帰分析を用いた予測値の算出

いずれも統計学やデータサイエンスという分野に属するテーマであり、エクセルを活用して仕事をうまく進めていくパワフルな手法です。ぜひこの機会に習得してしまいましょう。まずは①について学んでいただきます。

▎「想定外」を避けたい　〜標準偏差を用いた範囲の説明〜

　まずは簡単な準備から始めます。たとえばあなたが会社員だとして、自社のある製品の売上予測をするとします。その予測の精度が上がっていることを上司に示したいとしたとき、どのような手法を用いるでしょうか。

　数学的な立場では、実績値と予測値との距離、すなわち差が小さくなっていることでその予測の精度が上がっていることを示します。どういうことか、次の例で確認します。

　たとえば次の表がある製品の売上に関する実績値と予測値だとします。

単位：万円

	実績値	予測値
1月	110	100
2月	140	130
3月	80	90

　この3カ月での実績値と予測値との距離、つまり差の平均はいくらでしょうか。数学では次のような計算により答えを導きます。

1月：$110 - 100 = +10$
2月：$140 - 130 = +10$
3月：$80 - 90 = -10$

　差分にはプラス（実績値のほうが大きい）とマイナス（実績値のほうが小さい）の違いがありますが、数学では「10離れている」という意味で距離

は同じと考える作法があります。そこで数字を2乗することで文字どおり同じ数字（100）にし、そのうえで3つのデータの平均値（100）を算出します。最後にもとの数字の単位に戻すために平方根（中学校数学で学ぶ"ルート"）をとり、それを結論（10）とします。この数字は実績値と予測値との距離の平均を意味します。直感的にもこの10という数字に違和感はないはずです。

	差分	差分の2乗	差分の2乗の平均	差分の2乗の平均の平方根
1月	+10	100		
2月	+10	100	100	10
3月	−10	100		

　この考え方を使えば、予測の精度が上がっていることを示すことは簡単にできます。たとえば次の3カ月（4月から6月）で同じような計算をし、その結果が先ほどの10より小さい数字であれば予測値が実績値に近いものになったということであり、精度が上がったことの証明になります。

　この考え方を数学では**二乗平均平方根誤差**（RMSE："Root Mean Squared Error"の略）と呼びます。詳細は本章の最後に記載する（参考）をご確認ください。

　あなたがデータサイエンスの専門的な仕事をしないのでしたら、このRMSEという名称自体は覚えておく必要はありません。しかしこの考え方だけは知っておくことを推奨します。なぜならこのあとに登場する数学的モデルの話がスムーズに理解できるからです。準備が整いましたので、いよいよ本題に入ります。

　ビジネスパーソンが普段もっとも目にする数字は「平均値」ではないでしょうか。平均単価。平均年齢。平均時間。データあるところに平均値ありです。おそらくあなたも平均値の大小を気にすることは頻繁にあるでしょう。しかしもったいないことに、**平均値と各データとの距離を気にすること**

はあまりない（というかその発想がない）ビジネスパーソンが多いようです。

　平均値と各データとの距離に関する指標に**標準偏差**と呼ばれるものがあります。新しい専門用語が登場してストレスに感じる読者の方もいるかもしれませんが、安心してください。じつは本項ですでに標準偏差というものを90％説明し終えています。

　次の表は、3度にわたる数学の模擬試験に関するふたりの受験生の点数と平均点を示したものです。仮にふたりを山田さんと佐藤さんとしたとき、山田さんは1回目から3回目まで点数は50点、20点、80点であり、この3つの平均値は50点であると表に記載されています。さて、このふたりの平均値と実績値との距離はどれくらい違うでしょうか。

山田さん　　　　　　　　　　　　　　　　　　　　　　　　　　　　　　単位：点数

	平均値	実績値
1回目		50
2回目	50	20
3回目		80

佐藤さん

	平均値	実績値
1回目		53
2回目	50	47
3回目		50

　お気づきかと思いますが、この例は先ほどのある製品の売上に関する予測値と実績値の話と構造上ほとんど同じものです。まったく同じ考え方で計算をすれば、次のような結論を得ることができます。

山田さん

	差分 （実績値－平均値）	差分の2乗	差分の2乗の 平均	差分の2乗の 平均の平方根
1回目	0	0		
2回目	− 30	900	600	24.49
3回目	+ 30	900		

佐藤さん

	差分 （実績値－平均値）	差分の2乗	差分の2乗の 平均	差分の2乗の 平均の平方根
1回目	+ 3	9		
2回目	− 3	9	6	2.45
3回目	0	0		

　両者の平均点は50点で同じにもかかわらず、それぞれの計算結果である24.49と2.45を比較すると明らかに山田さんのほうが大きいことがわかります。

　数学ではこれを標準偏差（SD："standard deviation"の略）と呼び、この値が小さければ小さいほどそのデータは平均値からの距離が小さいことを表します。詳細や一般的な数式は本章の最後に記載する（参考）をご確認ください。

　ここからさらに重要度の高い話が始まります。少し長丁場になりますが、頑張ってついてきてください。

　私なりに先ほどの山田さんと佐藤さんの標準偏差の違いを、極めて直感的に表現してみます。

山田さん
→「ムラがある」「想定しなければならない点数の幅が大きい」「今後の点数が予測しにくい」

佐藤さん

→「安定している」「想定しなければならない点数の幅が小さい」「今後の点数が予測しやすい」

　ここで重要なのは、「**予測**」と「**幅**」という２つのキーワードです。

　今回の例において、山田さんと佐藤さんの模擬試験の結果を本番の試験の結果を予測するために使うという発想は極めて自然だと思います。

　同じように、私たちビジネスパーソンは**手元にある数字（つまり事実）からまだ起こっていない未来のことを予測する**場面がたくさんあります。たとえば過去の売上データから来年度の数字を予測するのはその典型です。そんな場面において、**ある数学的モデルを使うことで予測値を幅で表現することができます**。

　いまからそのアプローチを、数学を勉強しなくてもその考え方だけは身につくような解説を試みます。言い換えれば、数学に詳しい方からはお叱りを受けるかもしれないほど雑な解説です。

　統計学に詳しい読者の方はここからの内容を専門的によくご存知であり、この理論を説明するにはデータの数（３つ）が少なすぎる、あるいはとても大雑把で乱暴な説明だというお考えがあるかもしれません。しかしここではあくまで苦手意識が強い読者でもこの理論で主張されていることのイメージが掴めることを目的としたく、ご容赦いただければ幸いです。

　では始めます。

　もし山田さんと佐藤さんがこのまま本番の試験に臨むとしたら、それぞれ何点くらいを想定するのが妥当でしょうか。数学では平均値と標準偏差の２つを使い、その範囲を指定することができます。そしてそれは次のような意味を持つものです。

　「過去、そのデータのほとんどはこの範囲に入っているといって構わない。この先、そのデータがどれくらいの値になるかを予測したければ、その範囲の中に入ると想定すれば外れることは考えにくい」

その範囲は、平均値に対して標準偏差2つ分を引いた数字と2つ分を足した数字で決まります。実際に計算してみましょう。山田さん、佐藤さんの平均値はともに50点でしたが、標準偏差は24.49と2.45です。

山田さん
$50 - 24.49 \times 2 = 50 - 48.98 = 1.02$
$50 + 24.49 \times 2 = 50 + 48.98 = 98.98$

佐藤さん
$50 - 2.45 \times 2 = 50 - 4.9 = 45.1$
$50 + 2.45 \times 2 = 50 + 4.9 = 54.9$

　つまり山田さんの得点のほとんどは理論上、1.02から98.98の間に入っているということになります。実際、3つの点数（50、20、80）がこの間にすべて入っていることも確認してください。
　さらにこの先の模擬試験、あるいは本番の試験の点数を予測するなら、この範囲を想定しておけば外れることは考えにくいということになります。とても乱暴に言うなら、山田さんはいまのままだと0点に近い点数をとる可能性もあるし、100点に近い点数をとれる可能性もあるということになります。

　一方、佐藤さんの得点のほとんどは理論上、45.1から54.9の間に入っているということになります。実際、3つの点数（53、47、50）がこの間にすべて入っていることも確認してください。
　さらにこの先の模擬試験、あるいは本番の試験の点数を予測するなら、この範囲を想定しておけば外れることは考えにくいということになります。

　今回の解説はたった3つのデータだけで行いましたが、もちろんデータの量（つまり模擬試験を受験した回数）が多くても同じように考えることができます。当然ながらその回数が多いほど導かれる予測の範囲はより信憑性が増すことになります。

山田さんの「範囲」は 1.02〜98.98

標準偏差 24.49　標準偏差 24.49　平均値 50　標準偏差 24.49　標準偏差 24.49

1.02　　　　　　　　　　　　　　　　　　　　98.98

20　　　　　　50　　　　　　80

佐藤さんの「範囲」は 45.1〜54.9

標準偏差 2.45　標準偏差 2.45　平均値 50　標準偏差 2.45　標準偏差 2.45

45.1　　　　　　　　　　　　　　　　　　　　54.9

47　　　　　　50　　　　　　53

　では最後にあなたが実務で活用するイメージが湧くようなケースを考えてみます。本章ですでにご紹介した5つのステップが登場していることも確認してください。

CASE

　あなたはあるイベント会社で数値分析を担当している。これまで5年間、あるイベントが月に1回ずつ行われてきた。ところがこのイベントにおける物販の収益が芳しくなく、計画した売上を達成するためにどうすれば良いかを考えなければならなくなった（**問題提起**）。

　売上とは単価と客数の掛け算という構造をしているため、集客数をどれくらいと予測するかで単価の設定が変わってくる（**構造化**）。

　あなたはこれまでの集客数はその月のプロモーションの内容や季節要因、その日の天候などによって大きく変わってくるのではないかと考えた（**仮説構築**）。

　実際に確かめてみたところ、これまでは毎月の集客数の平均がおよそ500人であり、標準偏差はおよそ50人であることがわかった（**データ分析**）。

このことから、過去5年間（つまり60個）のデータは、次の計算によりほとんどが次の範囲に入っているといって構いません。

$$500 - 50 \times 2 = 500 - 100 = 400$$
$$500 + 50 \times 2 = 500 + 100 = 600$$

　よほどイベントの内容を変えない限り、今後もこのイベントを開催すれば実際の集客数は400から600の中に入る可能性が極めて高いということになります。言い換えるとこの範囲を外れる結果は想定しなくていいということです。

　ならばこのイベント会社としては最悪の場合は集客数が400人にとどまることを想定し、それでも売上目標を達成できるような物販の単価設定をする必要が出てきます。この問題を解決するための具体的な課題が明らかにできました**（課題発見）**。

　ビジネスにおいては、ポジティブシナリオで考えることよりもネガティブシナリオで考えることが重要とされます。なぜならビジネスにおいて（悪い意味での）想定外は、事故だからです。正解のないビジネスの世界において重要なのは、劇的な成功を追い求めることではなく致命的な失敗を絶対に避けること。おそらくビジネスパーソンであるあなたなら、きっと共感していただける考え方ではないでしょうか。

　不確かな未来のことを範囲で予測し、とくにネガティブシナリオを具体的な数字で把握することができる数学的モデルの存在は、あなたにとっても大きな武器になるはずです。

　なお、本稿でご紹介した数学的モデルはチェビシェフの不等式と呼ばれる理論で具体的に説明されています。章末に正確な記載を残しておきますのでご興味ある方は参照ください。

あなたが仕事で扱っているデータの平均値と標準偏差を実際に計算し、実際に平均値に対して標準偏差±2つ分の範囲にほとんどのデータが入っていることを確かめてみてください。

「理論値」が欲しい 〜単回帰分析を用いた予測値の算出〜

ではここからは私が厳選した2つの分析手法のもうひとつ、**単回帰分析**について解説しましょう。まずは次のようなケースを考えます。

CASE

あなたはある大規模な小売店のマーケティング担当者です。アイスクリームの仕入れ計画を立てたいが、現状は在庫を多く抱えてしまっている**（問題提起）**。

この小売店はこれまで仕入れ量を緻密に検討することなく担当者がテキトーに決定しており、在庫過多はその結果として起こっている構造的な問題だと考えられる**（構造化）**。

そこでアイスクリームの日別の売れ方に注目し、そこから仕入れ量を逆算できないかと考えた。さらにアイスクリームの売れ方は気温と相関関係があるのではと考えた**（仮説構築）**。

実際にそのとおりかどうかを過去の販売データで確かめたところ、気温の上昇とともにアイスクリームの販売数が増えていく傾向がグラフから明らかになった**（データ分析）**。

グラフの横軸はある日の気温（℃）を示し、縦軸はその気温の日にこの店で売れたアイスクリームの平均販売数（点）を示すものとする。

「アイスクリームの販売数」と「その日の気温」

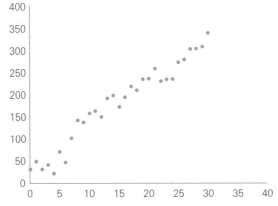

縦軸：ある日のアイスクリームの平均販売数（点）
横軸：ある日の気温（℃）

　賢明な読者の方はもしかしたら「じつはアイスクリームは冬のほうが売れる」という言説をどこかで耳にしたことがあるかもしれません。実際にそのような事例もあるかもしれませんが、今回のケースはあえてシンプルかつ直感的にもしっくりくる事例として、気温の上昇とともにアイスクリームは売れていくという設定で解説をさせてください。

　さっそくですが、次の2つの説明をご覧ください。

「気温の上昇とともにアイスクリームは売れていきます」
「気温が1℃上昇するごとにアイスクリームの売れ行きは○個ずつ増えます」

　もちろんビジネスコミュニケーションで求められる説明は後者です。このような数字をテキトーではなく数学的な裏付けをもとにしっかり計算することができたら、売れ行きの予測という仕事において示す数字に信憑性が増します。
　そこでいまからこのグラフを使って、アイスクリームの平均販売数とその

日の気温の関係を表現する数学的モデルをつくります。そのようなモデルをつくることができれば、気温によって変動する売れ方を数学的に説明することができ、この先の売れ方の予測値も容易に算出することができます。

　いまからエクセルの操作方法を案内していきますので、あなたが実際に仕事で行うときはこのマニュアルのとおりに作業をしてください。

【STEP1】
　エクセルを使ってデータからグラフを作成します。そしてグラフの中に散らばっている点をどれでもいいのでひとつ指定し、右クリックをしてください。そして「近似曲線の追加」を選択します。

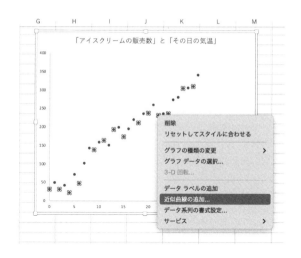

【STEP2】
「近似曲線の書式設定」において次の操作をしてください。

・「線形近似」を選択
・チェックボックス「グラフに数式を表示する」にチェックを入れる
・チェックボックス「グラフにR^2乗値を表示する」にチェックを入れる

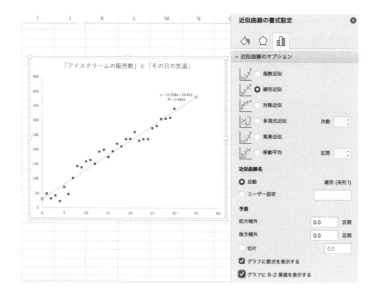

【STEP3】

グラフ内に表示された数式と、R^2 という数字を確認してください。

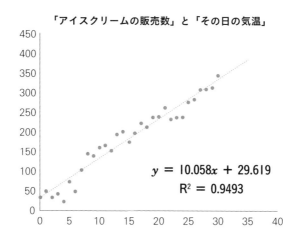

「アイスクリームの販売数」と「その日の気温」

$$y = 10.058x + 29.619$$
$$R^2 = 0.9493$$

操作方法のマニュアルは以上です。

STEP3で示された数式と数字の意味を説明します。小数点以下の表記が煩わしいので丸めた数字で表記します。

$y = 10x + 30$

x：その日の気温（℃）

y：アイスクリームの平均販売数（点）

$R^2 = 0.95$（$0 \leqq R^2 \leqq 1$）

まずは数式に注目しましょう。この小売店のアイスクリームの平均販売数は、気温という数字を使い、ご覧のような数式で説明することができます。これが数学的モデルをつくるということであり、与えられたデータから「型」をつくり、「こうなっていますよ」と示すということです。

このようなモデルを用意することができれば、ある気温に対してその日にどれくらいアイスクリームが売れるかを予測値として容易に算出可能です。たとえば気温が20℃の日は、過去のデータから理論上はこのような計算に基づき230個は売れるだろうと予測値を示すことができます。

$$y = 10x + 30 = 10 \times 20 + 30 = 200 + 30 = 230$$

ちなみに R^2 という**数字はこのモデルの質を表現します**。この数式は数値の予測に使うツールとして優秀かどうか、信頼していいかどうか、ということを示すと思ってください。

表記のとおり最低値が0であり、最高値は1となります。数字が最高値に近ければ近いほど信頼できるという解釈をします。今回のケースでは0.95ということですからかなり最高値に近い数字ということになり、先ほど算出した230個という予測値は（あくまで数学的な解釈において）とても信頼できるといえます。

もし私がこのマーケティング担当者なら、無駄な仕入れをしないという問題解決のために、来月（来年）の仕入れ計画を立てる際には、気温という数字をもとに具体的な数量を決定していくでしょう。

気象予報士はよく「今年の夏は暑くなりそう」や「例年どおり」などとコメントをすることがあります。そのような情報も参考にしつつ、20℃の日

は何日くらいあるか、30℃の日は何日くらいありそうかと推測しながら数字を設定し、先ほどのモデルに当てはめることで、来月（来年）の販売数を大まかに予測することは可能です。

それを踏まえて仕入数を計画していけば、「無駄な仕入れ」という問題は解決に向かうかもしれません**（課題発見）**。

ちなみに、ご紹介した数式をもう一度ご覧になってみてください。

$$y = 10x + 30$$

この小売店は理論上、気温が1℃アップするごとにアイスクリームが10個売れるという解釈もできます。 もしかしたらあなたが単回帰分析を活用する場面では、この視点が重要になるかもしれません。

たとえばあなたの会社は広告費を1円増やすごとに売上はいくらアップするようなマーケティングをしているのでしょうか。あなたの会社が属する業界は、従業員を1名増やすごとに営業利益はいくら増えるようなビジネスをしている業界なのでしょうか。あなたの会社の製品の不良品発生率が1％増えると収益にどれくらい影響が出るのでしょうか。

ビジネスで扱う数字は「1」が単位であることがほとんどです。1円。1名。1時間。「1」の変化で何がどう変化するのかという視点はとても数学的かつ実践的です。よろしければ、自分が考えやすいテーマで、単回帰分析なども活用し、「1」の変化で何がどう変化するのかを明らかにしてみてはいかがでしょう。

以上が単回帰分析を用いた予測値の算出です。

エクセルを使えばあっという間にできる仕事術でありながら、得られるメリットとしては大きいものがあると思います。誰でも活用できるパワフルなツールとして、ぜひ身につけておきましょう。

そもそも予測とは外れるものである

ようやくこれで私が厳選した2つの分析手法の解説を終えることができます。

数学や数式になじみのない方にとってはストレスフルな読書だったかもしれませんが、ここまで頑張ってついてきてくださりありがとうございました。

余談になりますが、以前ある企業で研修をしているときに、「本当にこの数学的モデルによる予測を信じていいのでしょうか。"想定外"があったらどうするんですか」というご質問をいただいたことがあります。このとき、私は笑顔で次のように答えました。

「しゃーない（仕方ない）、で終わりです」

質問いただいたご本人にとって納得いく返答ではなかったかもしれませんが、私はこれが真実だと思っています。

数学はあくまで学問に過ぎません。そして人間という生き物は論理的ではありません。ビジネスとは、論理的でない生き物がその日の気分や体調やいろんな利害関係もある中で行う営みであり、それをすべて論理で完璧に説明できるわけがないのです。

右肩上がりの業績の企業が、社長の不祥事でいきなり急落することがあります。天気予報も外れることがあります。そういう意味で、あえて矛盾する

ようなことを申し上げますが、**数学的モデルとはパワフルであり、無力でもあります。** そもそも予測とは外れるものなのです。

　ならば本章の内容には価値がないと考えるか。正解も絶対も魔法もないこの世界で、それでも正解に近づけるために使ってみようとするか。これはすべてのビジネスパーソンそれぞれの判断であろうと思います。あなたは、どのように考えますか。

5　数学的思考で問題解決する

ケーススタディ　～あるマーケティング担当者の事例～

　いよいよ第2章でお伝えすることも残りわずかとなりました。

　本章でお伝えした内容がいかに実践的かを確認いただくことを目的に、あるインターネット通販サービスのマーケティング担当者であるフカサワさんの仕事術をひとつご紹介することにします。

　フカサワさんは主にアクセス数や顧客情報などのデータを活用することを上司から求められていました。

【STEP1　問題提起】

　ある日、上司から若年層客（20代から30代）の売上が低調であると問題提起がなされました。つまり**ここでの問題解決とは若年層客の売上を増やすこと**となります。フカサワさんは上司から「データも活用しながら状況を正しく把握し、解決策を提案して欲しい」と指示を受けました。

【STEP2　構造化】

　フカサワさんはここで**いきなりデータを扱うことはせず、この問題をテーマに構造化**することを試みます。「わける」を実行することにより、次の図を描きました。

【STEP3 仮説構築】

　フカサワさんは売上アップのための課題を見つけるため、「機能」「価格」「機能」「滞在時間」「量」「質」と６つに分解された要素からいったん「滞在時間」に注目しました。

　一般的にネット通販はWEBサイトの滞在時間が長い方が良いとされます。だからネットマーケティングの立場では離脱率を低下させる施策をしたり、ページ内の見せ方や構成に知恵を絞ります。一方でフカサワさんは、滞在時間が長ければ必ず購入してくれるとは限らないのではという視点も持っていました。

　さらに現代人、とくに若者は「タイパ」という言葉を好んで使うと聞いたこともありました。タイパとはタイムパフォーマンスの略であり、できるだけ時間をかけずに成果を得ることを良しとする考え方です。ならば**ネット通販サービスの顧客においても、若年層に関しては滞在時間の長さと購買の量とは関係ないのではないか**。フカサワさんはそんな仮説を立てました。

【STEP4 データ分析】

　そこでフカサワさんはその仮説が正しいかどうかを確かめるため、必要なデータを取得しグラフ化することにします。顧客に調査を施し、過去１年間の購入回数とその通販サービスのWEBサイトにおける平均滞在時間をデータ化します。調査の対象者は20代と30代それぞれ男女別に10名ずつの合計40名。横軸が過去１年間の購入回数を示し、縦軸がその顧客の平均滞在時間を示しています。

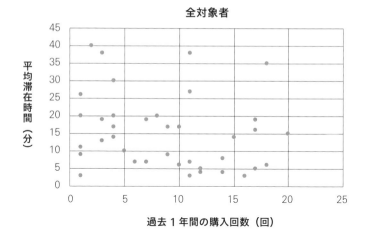

全対象者

平均滞在時間（分）

過去1年間の購入回数（回）

　フカサワさんはグラフを見てすぐに、平均滞在時間は短いのに購入頻度が高い顧客もいれば、その逆のことを示すデータも存在することを確認します。この2つの数字にはあまりはっきりした相関関係はないというのがこのグラフから可能な意味づけと考えました。

　しかしここで分析を終えることなく、**定義とサイズを気にする**ことでさらに分析を続けます。

　いま扱っているデータの定義は、調査の対象者が20代と30代それぞれ男女別に10名ずつの合計40名。フカサワさんはつねに分解するという動作の意識を持っていたため、ここでも20代と30代に分けてみたらどうだろうか、男女で分けてみたらどうだろうか、という発想がすぐに浮かびました。

　もしこの2種類の分解を同時に行えば、先ほどのデータはもっと小さな4つのデータに分けることができます。実際に20代男性、30代男性、20代女性、30代女性に分けてグラフ化してみた結果は次のとおりでした。

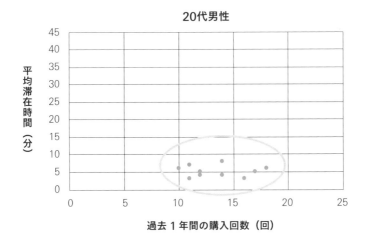

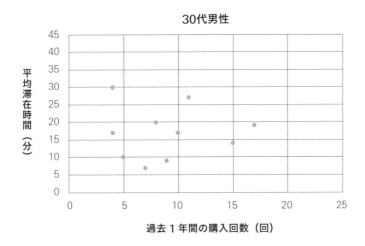

　まず20代男性のグラフに注目しました。今回の調査においては、なんと全員が「平均滞在時間は極めて短いにもかかわらず、購入頻度はとても多い」という傾向がはっきり見てとれます。

　そこでフカサワさんは、彼らはすでに購入するものが決まっており、それを購入するためだけにWEBサイトにアクセスをしている可能性があると推測します。そしてそれ以外の商品を検索したり、WEBサイトを回遊していろんな商品を探そうという発想がないのかもしれないと考えました。まさに

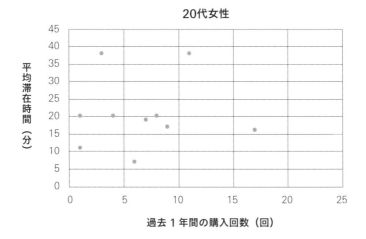

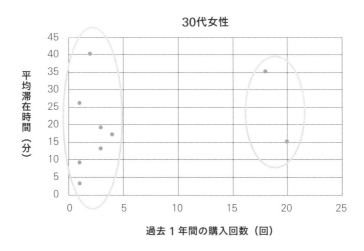

タイパを意識している消費行動、つまり必要なものを買うためだけにアクセスし、それ以外の余計なことに時間を使うことはしない特徴があると解釈しました。

さらに30代女性のグラフにも注目します。購入頻度の多い客層とそうでない客層にはっきり分かれており、女性客は30代になると大きく2種類の顧客に分かれていくという解釈ができます。そして平均滞在時間の大小と購

買頻度にはほとんど相関関係はなく、買うことよりもWEBサイトでいろんな商品を見ることを楽しんでいる人がいることもはっきりわかりました。

【STEP5 課題発見】
データ分析の結果をもとに、**数学コトバを用いて論理を組み立てます。**

　テーマとなっている若年層客のうち注目したのは特徴的である20代男性と30代女性です。まず20代男性の利用者はすでに購入するものが決まっている可能性が高いため、その商品の注文だけで終わらせてしまうのはもったいない。よって、なにかセット販売できるものをダイレクトメールなどで訴求する（いわゆるクロスセル）施策を検討します。
　さらに30代女性に関しては、WEBサイトに滞在して"見ているだけ"の客層に注目し、なぜ"見ているだけ"なのかを徹底的に調査。せっかく頻繁にアクセスしてくださっているのだから、この客層の購買頻度を上げることはマーケティングの観点でとても優先度が高いと考えました。

　以上を上司に報告したところ、すぐに調査と検討に入るようにとGOサインが出ました。

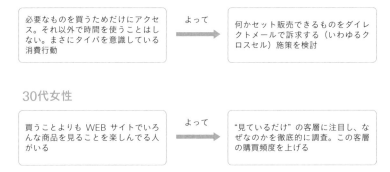

20代男性

必要なものを買うためだけにアクセス。それ以外で時間を使うことはしない。まさにタイパを意識している消費行動　　→　よって　→　何かセット販売できるものをダイレクトメールで訴求する（いわゆるクロスセル）施策を検討

30代女性

買うことよりも WEB サイトでいろんな商品を見ることを楽しんでる人がいる　　→　よって　→　"見ているだけ"の客層に注目し、なぜなのかを徹底的に調査。この客層の購買頻度を上げる

なぜ数学的に考えると問題が解決できるのか

　いかがだったでしょうか。ここまでご紹介してきたさまざまなエッセンスが盛り込まれたケーススタディともいえます。ポイントを振り返ります。

●「定義」や「サイズ」を気にしたこと

　第1章で5つの動作の重要性をお伝えしましたが、この事例でもデータ分析においてまさにそれが表現されていました。

　まずはデータの定義を確認する局面があったこと。そもそもそのデータは何を示すものなのかを確認することが分析のスタート時に必要なことです。

　そしてサイズを気にしたことによって分解するという発想が生まれたことも重要です。全対象者のグラフは大きいサイズの情報と考え、分解するという動作を施すことによって20代男性、30代男性、20代女性、30代女性という4つの小さいサイズの情報をつくることができました。結果、意味づけできる内容がより具体的になりました。

まずは扱っているデータの定義を確認
↓
データのサイズ：全対象者
データのサイズが大きくそのままの状態で数字を比較しても意味づけできる内容が曖昧なので、導かれる課題が具体的でない
↓分解
データのサイズ：20代男性、30代男性、20代女性、30代女性
データのサイズが小さいため数字を比較すると意味づけできる内容を具体的にでき、導かれる課題も具体的

　もちろんこの一連のプロセスの中で数字の比較が無意識のレベルで行われていることも確認してください。あらためて5つの動作の大切さが伝わっていれば幸いです。

　「とりあえずデータを触る症候群」はいけません。まずは解決すべきことはなにかを明確に言語化し、次にその問題を「わける」を使って構造化し、最後は数学コトバを使って「つなぐ」ことで具体的な課題を明らかにしました。

　ぜひこのケーススタディと先ほどのラーメンの事例を比べてみて欲しいと思います。テーマや難易度は違うかもしれませんが、していることはほぼ同じであることに気づいていただけるはずです。これが問題解決という仕事の正体であり、私が企業に提供している「データ分析・超入門」というプログラムのコアエッセンスです。あらためてキーワードを列挙しておきます。

- ・データ分析は、データを主役にして使ってはいけない
- ・とりあえずデータを触る症候群
- ・料理と同じ感覚を持つ
- ・問題提起→構造化→仮説構築→データ分析→課題発見
- ・構造化で決まる
- ・「わける」と「つなぐ」

　問題を解決するとは、数学をすることとほぼ同義です。ぜひあなたも今日からこのフカサワさんのように、ファクトベースの仕事を実践してみてはいかがでしょうか。

　問題解決や構造化といったテーマは実に奥深く、そして難易度の高いものです。正直に申し上げると、残念ながら本書の解説だけではカバーしきれないのが事実です。必要性を感じてくださった方は、巻末に紹介する書籍でより詳しい情報提供とトレーニング機会を提供しております。よろしければ参考にしてください。

（参考）「乱暴な説明」のお詫び

まもなく第2章という長旅が終わろうとしています。

考えるとは、答えを出すことです。そして数学的に考えるとは、数字と論理を使って答えを出すことです。本章では「数字＝ファクト」とし、ファクトベースの思考法としてご案内しました。

世の中はDX時代。あなたの周囲は数字で溢れているはずです。どうかうまく活用し、いいえうまく料理し、仕事を思いどおりに進めてください。

本章の最後に少しだけ補足があります。あくまで補足であり、もしあなたがビジネスパーソンであればここからの内容は決して重要なものではありません。場合によっては読まずに第3章に進んでいただいても差し支えありません。

後半でご紹介した標準偏差と単回帰分析は、すでにお伝えしているように統計学やデータサイエンスという分野に属するテーマであり、エクセルも活用して仕事をうまく進めていくパワフルな手法です。しかし本書は活用することを主題にしているために、学術的な立場の方から見ると厳密さに欠けた、かなり乱暴な説明をしていると思われても仕方がない内容かもしれません。もし読みながらそう感じた方がいらっしゃったら、ここでお詫び申し上げます。

そこで念のため、学術的な見地からは本来きちんと解説すべき点について少しだけ触れておきます。専門用語も登場します。ご興味のある方のみ、お目通しいただければと思います。

●二乗平均平方根誤差

二乗平均平方根誤差（RMSE："Root Mean Squared Error"の略）は値が小さければ小さいほど誤差が小さいことを示すことができ、一般には次の式で定義されます。

$$RMSE = \sqrt{\frac{1}{n} \sum_{i=1}^{n} (y_i - \hat{y}_i)^2}$$

（y_i：実際の値、$\hat{y}_i$：予測値、n：データの総数）

● 標準偏差の計算式

標準偏差（S）の計算は一般的に数式では次のように表します。もちろん実際に計算する際はエクセルの関数を使うことになるので、そちらもご紹介しておきます。

$$S = \sqrt{\frac{1}{n} \sum_{i=1}^{n} (x_i - \bar{x})^2}$$

x_i 実績値　$\bar{x}$ 平均値　n データの総数

標準偏差の計算方法（エクセル関数）：
＝ STDEVP（データ範囲）

なお、厳密には標準偏差を計算するエクセルの関数には2種類あります。

STDEVP関数 （標本データそのものの標準偏差）	STDEV関数 （標本データから母集団を予測する場合の標準偏差／不偏標準偏差と呼ぶ）
$\sigma = \sqrt{\dfrac{\sum_{i=1}^{n} (x_i - \bar{x})^2}{n}}$	$\sigma = \sqrt{\dfrac{\sum_{i=1}^{n} (x_i - \bar{x})^2}{n-1}}$

母集団：統計的に分析することで推測しようとしている対象物すべてのこと

標本　：母集団から一部のデータをランダムで取り出したもの

　先ほどご紹介したSTDEVP関数は、標本データそのものの標準偏差を算出したいときか、データ自体を母集団とみなして標準偏差を算出したいときに使用します。　一方、STDEV関数を使用するときは、標本データから母集団の標準偏差を推定したいときです。

　ただし、両方の関数の違いは分数の分母が「n」か「$n-1$」かだけであるため、ある程度のデータ数がある場合はそれほど値が変わりません。

　なお、この2つの違いに関する説明は専門家でも用語の定義や意見が異なることもあるようです。詳しい解説は専門書に譲りますが、ごく一般的なビジネスパーソンの実用という観点ではあまり気にする必要はありません。（※）

● チェビシェフの不等式

　本編でも解説したように、（とても大雑把にいうと）どんなデータ分布であってもその平均値に対して「標準偏差±2個」の範囲にほとんどのデータが存在しています。

　このことをもう少し具体的に言及したものとして、チェビシェフの不等式と呼ばれる理論があります。チェビシェフの不等式は、「新しいデータを測定したとき、それがこれまでのデータの平均値に対して（±標準偏差2個）の範囲内に存在する確率は少なくとも75％ある」という理論です。

　「少なくとも75％」という曖昧な言及であり、この理論は決して「強い主張」をしているとは言えません。しかしどんな分布でも成り立つことは大きな特徴です。データ分布のおおまかな範囲を捉える原則という意味では知っておいても良いでしょう。

● 決定係数

　本編で登場した「R^2」は学術的には「決定係数」と呼ばれています。作成した直線がそのデータの特徴をどれほど説明できているか、どれくらい当てはまりが良いか、どれくらい精度が高いか、を示す数字です。

　ここでは決定係数というものがどのような考え方で定義されているのか、

極めて直感的に説明してみます。

　まずは次の左のグラフをご覧ください。横軸をx、縦軸をyとした、5つの点が表現されたグラフです。ここでyの平均値を$\bar{y}$としたとき、直線$y=\bar{y}$と5つの点との距離（点線）の合計を100とします。

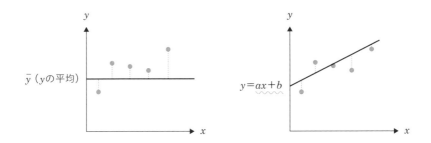

　次に、この直線をこのデータの分布に合わせる形で直前を傾けていきます。"ちょうどこのあたりが当てはまりが良さそう"と感じるところで傾けるのを止め、その直線を$y=ax+b$とします。

　そしてこの直線と5つの点との距離（点線）の合計を計算します。もしそれが20だとしたら、直線を傾けることによって100あった距離が20まで縮まったということになります。このことを数学においては、**直線$y=ax+b$がこのデータの特徴を80％まで説明できた**と解釈するのです。この80％、すなわち0.8が決定係数となります。

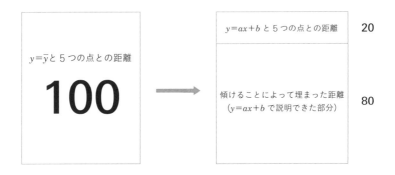

$$決定係数 = 1 - \left(\frac{y = ax + b と5つの点との距離の合計}{y = \bar{y} と5つの点との距離の合計} \right)$$

$$= 1 - \frac{20}{100} = \frac{80}{100} = 0.8$$

　このような定義を理解できると、直線 $y = ax + b$ の"当てはまりが良い"ほど決定係数の値は大きくなることも直感的に伝わるのではないでしょうか。

　ちなみに、企業研修などで単回帰分析の解説を行うと、「単回帰分析において決定係数の値がいくらくらいならそのモデルは精度が高いといえるの？」というご質問をいただくことがあります。
　残念ながら明確な基準があるわけではなく専門家によって答えもさまざまというのが実態です。しかし私個人の考えを申し上げるなら、決定係数が0.5を超えてくる場合は、ビジネスにおいて予測値を算出するモデルとして使うことは妥当だと考えます（※）。

　なお、本項において2箇所ほど（※）で印をつけた箇所があります。いずれも著者の個人的な解釈によるものであり、一般的に共通する認識あるいは事実ではございません。解釈というものは前提や立場、経験によって変わるものですから、もし統計学やデータサイエンスの学術的な研究に興味のある方は、さまざまな専門家の見解を聞いてみることをおすすめします。

第**3**章

数学的に考える
（アサンプションベース編）

「数字」＝「数値」

　まずは本章をお読みいただくための約束事です。以降、「数値化」という表現が登場します。そこで本章に限り、ここまで「数字」と表現していた概念を「数値」に替えて表現することにします。

　人によって定義はさまざまですが、私は原則として「数字」と「数値」は同義として考えています。これまでの経験や肌感覚も含まれますが、多くのビジネスパーソンは「数字」も「数値」も同じもの（数で表現されているもの）と認識しているのではないでしょうか。それをあえて著者が強引に分け、言葉の使い方を強制するのはあまり本質的ではないように思っています。同じで良いのではないでしょうか。

　他方、一般的には「数値化」という表現がよく使われ、「数字化」とはあまり聞いたことのない、使われない表現のように感じます。
　そこで本書では**数になっていない状態のものを数にする**ということを「数字化」ではなく「数値化」と表現することにします。それゆえ、第2章まで「数字」と表現していた概念をここからは「数値」と表現することになります。
　繰り返しですが、本書の全体を通して「数字」と「数値」は同義としてご理解ください。

　ではさっそく本題に入りましょう。

「直感」と「数値」の深い関係

「しばしば、直観が頼みの綱になる」

これはマイクロソフトの共同創業者であるビル・ゲイツ氏が発したとされる言葉です。読めば平凡な内容に思えるこの1文も、とてつもない実績を残した人物が語る言葉として受け止めると、語られていることの重みを感じるのは私だけではないはずです。じつは第3章はこの1文がすべてと言っても過言でありません。

あなたはこの「直感」というものと本書の主役である「数値」や「論理」との“関係”を考えたことがあるでしょうか。ひょっとするとこれらは真逆の存在であること、決して交わらないもの、と思っている方がいらっしゃるかもしれません。

結論から申し上げると、**「直感」と「論理」には極めて密接な関係があります**。それがいったいなにか、その答えを探しながらお読みいただくのもひとつの楽しみ方です。

まずは第2章において私がこのような説明をしたことを思い出してください。

数字には事実ベースのものと仮定ベースのものがある。

第2章は「事実ベースの数値」をテーマに展開され、それを私はファクトベースと表現しました。いよいよ「仮定ベースの数値」についてたっぷりご紹介することになります。

まずは言葉の定義から始めます。仮定ベースであることを本書では**アサンプションベース**と呼ぶことにします。これは私がつくった造語であり、一般的に使われているものではありません。あなたの職場でいきなりこの表現を使ってもおそらく伝わらないのでご注意ください。

アサンプション（assumption）とは仮定、想定を表す英語です。仮定や想定をベースに物事を考えることをアサンプションベースの思考と定義しますが、もしピンとこない方がいらっしゃったら、「いったん〜と思い込む」「いったん〜と決めてかかる」とお伝えすると少しイメージが湧くでしょうか。

たとえばあなたが「ちょっと感じ悪いなぁ」と思っている人を思い浮かべてください。プライベートでの人脈からでも良いですし、職場にいるある人物でも良いでしょう。さて、その「ちょっと感じ悪いなぁ」は事実でしょうか、それともあなたの個人的な主観でしょうか。あなたはそう思っていても、他の人からすればそうではないかもしれません。つまりその「ちょっと感じ悪いなぁ」はあなたの主観ということになります。そしてあなたはその人物の人柄をいったんそう思い込んでいる（決めてかかっている）ということになります。

このように**私たちの周囲にはつねにファクトベースの情報とアサンプションベースの情報がある**のです。ということはビジネスパーソンであるあなたもつねに仕事をするさまざまな場面において、ファクトベースの情報とアサンプションベースの情報を扱うことになります。

ファクトベースの限界

なぜ私たちビジネスパーソンがアサンプションベースの情報を扱う必要があるかというと、ファクトベースには限界があるからです。

ビジネスで扱う情報がすべてファクトであり、そこから導かれる答え（らしきもの）ですべてうまくいくならこれほどラクなことはありません。手元にある数値を第2章で学んだことを使ってうまく料理し、そこから導かれた答えがまさに正解となり、その正解はあなたの仕事における成功を約束してくれます。しかし残念ながら現実はそんな好都合な場面は少なく、ファクトベースだけでは突破できない壁がたくさんあります。

たとえばあなたがある会社に勤めており、過去10年間継続できている事業の責任者だとします。会社の経営トップから「来年度の売上予測をできるだけ精度高く」と求められたら、過去10年間の実績からだいたいどれくらいを見込むかを数値化して示すことは、それほど難しくはないのではないでしょうか。

一方、あなたがその会社の新規事業の担当に任命されたとします。会社の経営トップから「初年度の売上予測をできるだけ精度高く」と求められたら、おそらくあなたはその難題に頭を抱えるでしょう。

既存事業（10年継続）の売上予測
→手元に過去の実績データがある（好都合な数値がある）
→それほど難しくない

新規事業の売上予測
→手元に過去の実績データがない（好都合な数値がない）
→難しい

ビジネスパーソンは後者のような手元にファクトがない状況に遭遇することが多々あります。しかし「ファクトがないからできません」は残念ながら通用せず、そんな厳しい状況の中でもどうにかして答えを出していかなければなりません。もしあなたがこの新規事業の担当者なら、どのようにしてこの壁を突破するでしょうか。

私がこれまで企業研修などの場で同様の問いを投げかけたとき、ビジネスパーソンの皆様からいただく回答としてはこのようなものがほとんどです。

「いったん単価や客数を"これくらい"と仮定して……」

「市場規模は○円くらいと想定し、そのうちの○％をとれると仮定して……」

「他業界における新規事業の成功事例を調べ、本業に対する売上シェア

の比率を調査。その比率が自分たちの事業においても当てはまるといったん仮定して……」

「やってみなけりゃわからないというのが本音ですが、それでも予測値を出さなきゃいけないならその事業の関係者を集め、それぞれが想定している売上高をざっくりでも出させます。その数値の平均をいったんの予測値とするかもしれません」

私もそのとおりだと思います。仮定。想定。いったん。思い込む。決めてかかる。**ファクトベースで仕事ができないなら、アサンプションベースに切り替えて仕事をする。**選択肢はこれ以外にありません。

じつは第2章の内容はすべて手元にその分析をするための数値が完璧な状態で揃っていることが前提になっていました。データ分析や経営数値などをテーマとしたビジネスセミナーやビジネス書は世の中にたくさん存在しますが、それらもすべて同じです。

しかし現実に、あなたの職場においてビジネスセミナーやビジネス書で語られるような極めて都合のいい設定などあるのでしょうか。単回帰分析はしたいけれどそれをするためのデータが社内には蓄積されていない、市場規模を把握したいが、どこを調べても具体的な数値が発表されていない、といったケースが多々あるのが現実です。これが私の申し上げる、ファクトベースの限界です。

そこでこの第3章に限り、定義・分解・比較・構造化・モデル化という基本動作に加え、「**仮定**」という動作も加えることにします。この動作がファクトベースの限界を突破するための重要な鍵になり、アサンプションベースの数値化を実現させてくれます。

主観を数値に置き換えるトレーニング

アサンプションベースの数値化とは**主観を数値に置き換えた結果のこと**を

指します。とても抽象的な定義なので、ここからは具体例を兼ねたエクササイズをご紹介することでご理解の一助になればと思います。あなたの読書の妨げにならないよう、短時間かつ気軽に取り組めるものを厳選したつもりです。

 エクササイズ ─────────

> あなたが本書を読む前に読了した本を思い出してください。その本はあなたにとって満足いく読書となったでしょうか。5段階評価（1・2・3・4・5）で評価してみてください。

もしあなたが大いに満足したのであれば「5」、その反対であれば「1」というスコアをつけたはずです。よくあるアンケートの回答など、私たちが普段から何気なくしていることだと思いますが、これこそまさに主観を数値に置き換えた結果です。

 エクササイズ ─────────

> あなたがつい最近、ビジネスシーンにおいて行ったプレゼンテーションを思い出してください。思い浮かばない方は部下や上司へのちょっとした報告や説明などで結構です。そのプレゼンテーションの出来はパーフェクトを100、最悪なものを0としたとき、どれくらいと表現できるでしょうか？

ほぼほぼ完璧だったと思う＝95
けっこういい感じでできた＝80
ボロボロだった＝10

こんな数値への置き換えが考えられるでしょう。ほぼほぼ。けっこう。かなり。ヤバい。ボロボロ。これらいろんな表現も数値に置き換えると具体的になり、その差もはっきりと表現されます。

ちなみにもし「95」と答えた方がいたら、その方に質問です。残りの「5」とはいったいなんでしょうか。資料の見栄えなのか、話すときの間のとり方か、最後の一言が余計だったのか、マイナス5の正体が具体的になれば、次回はパーフェクトも可能ですね。

💡 **エクササイズ**

あなたが誰かに「YES」か「NO」を求める場面を想像してください。ビジネスであれば商談、プライベートであれば愛の告白など、どんなテーマでも結構です。

絶対に「YES」だとわかっている＝100％
絶対に「NO」だとわかっている＝0％

としたとき、その場面においてあなたが「YES」をもらえる度合いは数値で表現すると何％でしょうか。

　先ほどのエクササイズに似ています。たとえばあなたも日常の何気ない会話において絶対に不可能である様を「ヒャクパー無理！」といった表現をすることはないでしょうか。じつはこれもアサンプションベース思考により自分の主観を数値に置き換えたといえます。このような数値への置き換えをすることに違和感はないでしょう。

ほぼほぼ「YES」がもらえる＝90％
なんともいえない（五分五分）＝50％
正直なところ、若干不安だ＝30％

　じつはこの考え方は本章で後ほど登場する重要なものです。ぜひ覚えておいてください。

エクササイズ

あなたがよく行くカフェの平均客単価はいくらでしょうか？

あなたがそのカフェの店員あるいは経営者でない限り、正確な数値（つまりファクト）を知るわけがありません。ですからこの問いに答えるためにはアサンプションベース思考が必要になります。あなたがいつも飲むアイスティーの単価はどれくらいだったか思い出してください。お菓子やパンなどセットで注文する人は何人にひとりくらいでしょうか。これらを想像しながら、だいたいこれくらいとあなたが感じる数値を結論にするのではないでしょうか。

参考までに、私がよく行くカフェの平均客単価をざっくり数値化してみます。

まずはコーヒーや紅茶の単価はざっと300円程度であったと思います。これらは飲み物のメニューでもっとも安価であり、かつ多くのお客様が注文するイメージがあります。加えてお菓子やパンをセットにすると、単価は700円程度になるでしょうか。たしかパスタやピザのセットもあり、単価は1,000円近くだったはずです。

これら3種類の単価において、注文するお客様の割合はどれくらいかを想像します。もちろん正確にはわかりませんが、ざっと70%、20%、10%と仮定します。するとこのカフェの平均客単価は次のように計算できます。

$300 \times 0.7 + 700 \times 0.2 + 1000 \times 0.1 = 450$（円）

この計算はあくまですべてコーヒーや紅茶の単価をベースにしており、実際はもう少し単価の高いカフェラテやココアなどの注文もあることを想定し、ざっと500円前後ではないかと結論づけることにします。

主観を数値に置き換えるとはどういうことか、少し感覚的に掴んでいただけたでしょうか。とくに最後のカフェの客単価の問題などはビジネスパーソ

ンには活用イメージの湧くテーマだったと思います。

　新規事業における初年度の売上を予測する際など、前例や参考情報が手元にない中では、いったん単価や客数を仮定して具体的な数値を示すしか方法がありません。そんなときに必要になるのは数学理論の知識や優秀な計算機ではありません。人間であるあなたの、人間にしかない、直感と呼ばれるものなのです。

「意思決定しない管理職」への辛口な正論

　本章ではここからアサンプションベースによる代表的な仕事術を厳選してご紹介してまいります。ただ、それらには共通するある目的があります。とても大切なことであり、それは次のとおりです。

意思決定を目的とした数値化

　ビジネスにおける意思決定にはつねに理由がいります。Ａ社とＢ社のどちらに発注するか。面接した10名の中から誰を採用するか。外部のコンサルタントと契約するか否か。あなたひとりの主観でテキトーに決めて良いのであればこれほどラクなことはありませんが、実際はそんなことはありえません。

　アサンプションベースはファクトベースが通用しない場面においても数値というコトバを持ち込み、意思決定のための「もっともらしい理由」にする手法です。ここまでの内容を整理する意味で、次を順番に読んでみてください。目的が意思決定であることの説明にもなっているはずです。

> ビジネスでは実際のところ、個人の主観だけで意思決定できない
> ↓
> だからできるだけたしかな情報を使い、ファクトベースで意思決定したい
> ↓

そうはいってもファクトベースには限界がある

↓

ならばアサンプションベースという選択しかない

↓

そこで主観を具体的なコトバに置き換える（直感が頼みの綱）

↓

具体的なコトバとはまさしく数値（曖昧さが排除される）

↓

数値なので簡単に**比較**ができる

↓

差や優劣が**はっきり**する

↓

これ以上わかりやすい意思決定の理由はない

↓

意思決定できる

　ここまで本書を読んでくださったあなたは比較という表現の再登場に気づくでしょう。**数値を活用する大きなメリットが比較であることは疑う余地がありません。**

　そして**はっきりするという点も大きなポイント**です。一般論として、曖昧な状態ではなかなか意思決定することは難しいです。言うまでもなく数値はこれ以上ないほどはっきりした具体的なコトバです。これもまた数値を使うメリットといえます。

　ビジネスは意思決定の連続といわれます。とくに経験を積み、実績を出し、より責任ある立場に就くようになるとなおさらではないでしょうか。

　以前、ある若手ビジネスパーソンの研修において、参加者のひとりが「**意思決定しない管理職なんている意味がないですよね**」とおっしゃいました。なかなか辛口だなと苦笑いしつつ、一方でそのとおりだなと思う自分もいました。

　決めるべきときに、決めるべき人が、スピーディに決める。とても難しい

ことですが、それを求められている読者の方もきっとたくさんいるはずです。ぜひここからは意思決定という目的を頭の中に入れながら、読み進めていただければと思います。

<table>
<tr><td>2</td><td>意思決定に役立つ最強の思考法！
アサンプションベース思考</td></tr>
</table>

「分解」と「比較」、そして「仮定」
～「知らんがな」の数値化～

さっそくですが、次のような状況を想像してください。

あなたはオープンしたばかりの飲食店に行きました。すると行列ができており、あなたは並ぼうかどうか少し悩みます。あなたは行列の脇を失礼しながら店の中に入り、忙しそうにしている店員にこう声をかけます。

「あの、どれくらい待ちますか？」

想像してください。もしこの時の店員の返答が次のようなものだとしたら、あなたはどのように感じるでしょうか。

「すいません、ちょっとわかんないっすね」

もし私なら、少しばかり苛立ちを覚えるかもしれません。たしかに忙しくしている店員にしてみれば、「そんなこと聞かれてもわからない」「こっちが知りたい」「知らんがな」なのかもしれません。その気持ちは理解しつつ、でもやはりネガティブな印象は拭えません。なぜそう思うのかというと、**ざっくりでもいいから目安を教えてくれれば意思決定できた**からです。行列に並ぶことが不快なのではありません。意思決定に必要な情報を提供してくれなかったことが不快なのです。

たとえばいま並んでいる人数が10組いて、1組通すごとに5分かかると仮定すれば、単純計算で50分ほどかかることになります。

　「だいたい1時間くらいみていただけるとご案内できると思います。状況により前後するかもしれませんがご了承ください」

　もしそう言ってもらえたなら、私はこのまま待つか次回にするかを意思決定できました。

　私がこの話を通じて申し上げたいことは2つあります。**ざっくりどれくらいかを知りたいときに答えてくれない相手には残念な印象を持つ**ということ。そして**意思決定するにあたり必要な数値は、決して正確で細かいものでなくても十分な場面がたくさんある**ということ。もしあなたがビジネスパーソンなら、きっと共感していただけるのではないかと思います。

　このように「知らんがな」と言いたくなるようなものに対し、具体的にどれくらいかを数値で捉えていくことを、私は「**知らんがなの数値化**」とネーミングしています。
　本書を読んでくださるようなあなたなら、これまでどこかで「**フェルミ推定**」という表現を見聞きしたことがあるかもしれません。フェルミというのは物理学者の名前であり、一般的なフェルミ推定の定義は次のとおりです。

【フェルミ推定】
実際に調査することが難しいような捉えどころのない量を、いくつかの手がかりをもとに論理的に推論し、短時間で概算すること。一見見当もつかないような量に関して推定し、具体的に数値で捉えるトレーニングをすることで身につける。企業の採用面接において思考力を測る目的で使われる、あるいはビジネススキルの講座などで題材として扱われることもある。

　私のネーミングした「知らんがなの数値化」とほぼ同義であることがわか

ると思います。私はこれを企業研修やビジネスセミナーにおいて思考力の強化を目的としたトレーニングで使っています。

　そこでここから少しばかり、実際に私が扱うトレーニングのお題をいくつかご紹介することにします。すぐに仕事で使うというよりは、どちらかというと思考トレーニングの色が強いテーマです。しっかり勉強するというよりは遊び感覚で読み進めていただくのが楽しい時間になるコツです。

💡 **エクササイズ**

あなたのご自宅のクローゼットにゴルフボールはどれくらい詰め込めると思いますか？　ただしクローゼットとゴルフボールの具体的な寸法はわかりません。具体的な数値をインターネットなどで調べることも不可とします。
クローゼットにこだわっているわけではありませんので、トイレやバスルームなど考えやすい空間をテーマにしてください。

　いかがでしょう。あなたの本音は「知らんがな」ではないでしょうか。しかしそれをいかにして具体的な数値にするかがこのエクササイズの目的です。

　アプローチの仕方に唯一の正解はありません。だからこそ面白いのですが、ここではひとつ典型的なものをご紹介しておきます。私自身の自室にあるクローゼットをテーマにさせてください。

　ゴルフボールという小さなものがクローゼットにどれくらい入るかなど、なかなか想像するのが難しいと感じます。こういうとき私たちは「知らんがな」と思うのです。そこで「知らんがな」とならない小さな箱を考えてみます。

　たとえば縦・横・高さがちょうどゴルフボール10個ずつ入る段ボールを想像します。これくらいの箱なら感覚的にもどれくらいの大きさかイメージが湧くのではないでしょうか。この段ボールにはすでに1,000個のゴルフボールが入っていますが、この段ボールはおそらく私の部屋にある小さめの

クローゼットには底面に3つは置けると思います。そしてその段ボールはおそらく6つほどは積み上げることができるのではと想像します。

　ということはこの段ボールはクローゼットの中に計18個は入ることになります。すなわち、ゴルフボールは1.8万個くらい入るという見立てができます。

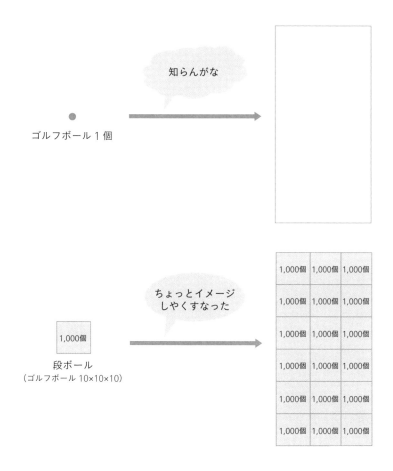

　この一連の思考を振り返ります。

　私は頭の中である段ボールを用意し、その段ボールを使ってクローゼットをざっくり18分割した、つまり**分解**したということです。そして段ボールにはゴルフボールが1,000個入ると**仮定**しました。分解という動作に加え、

ある仮定をした結果、つまりアサンプションベースによる思考の結果だということを確認してください。

もしこのような思考法に興味のある方は次のようなテーマで遊んでみてはいかがでしょうか。まずは"小さい箱"で考え、それを"大きな箱"に当てはめていく発想を持てば、ざっくり概算することができるかもしれません。

・まさにいま、日本全国で「赤いワンピース」を着ている女性は何人いるでしょうか
・日本のメガネ市場規模はどれくらいでしょうか

では続いて別のエクササイズをご用意します。

エクササイズ

あなたがよく行くカフェの午前10時から3時間の売上高はどれくらいでしょうか？
インターネットなどで情報を調べることは不可とします。

すでに本章において「あなたがよく行くカフェの平均客単価はいくらでしょうか？」というエクササイズがありました。そこでの結論を踏まえてぜひ考えてみてください。

参考までに私もやってみることにします。私は**売上高を平均客単価と平均客数の掛け算と定義**してみます。

私がよく行くカフェにおいて**すべての時間帯における平均客単価を500円と仮定**します。さらに**午前10時からの3時間を1時間ずつに分解**して考えてみます。ランチタイムに近くなるほどパスタやパンなど軽食を注文するお客様も増えてくると思われ、単価は比較的高くなるのではないかと想像します。そこで3つの時間帯の平均客単価を次のように仮定しなおします。

10時〜11時：400円
11時〜12時：600円
12時〜13時：800円

　次に客数について考えてみます。午前10時ということは朝食や通勤途中のテイクアウトなどの注文は少ない時間帯ではないかと想像します。一方でランチタイムに近くなるほど客数は増えると考えます。そこで店内の席数やそれぞれの時間帯の特性を考慮し、平均客数を次のように仮定します。

10時〜11時：30名
11時〜12時：50名
12時〜13時：70名

　以上より、次のような計算をすることで結論を得ます。

10時〜11時：400 × 30 ＝ 12,000円
11時〜12時：600 × 50 ＝ 30,000円
12時〜13時：800 × 70 ＝ 56,000円
12,000 ＋ 30,000 ＋ 56,000 ＝ 98,000円

　午前10時からの3時間でざっと10万円の売上ということになりました。

　ちなみにもしこのカフェの営業時間が朝から夜までの12時間と仮定すると、単純計算では1日の売上高はその4倍にあたる40万円となります。しかし午前10時からの3時間はカフェにおけるピークタイムであると仮定するなら、そこから少し割り引いた数値、たとえば3割程度を引いたものが1日の売上高と考えられます。

10 × 4 × 0.7 ＝ 28万円

　実際、ある大手カフェチェーンのごく一般的な店舗における1日の平均売

上高は30万円程度といわれています。結論としてはそれほど実態とは離れていないものになっているのではないでしょうか。

この一連の思考を振り返ります。

結論が得られるまでの過程において**分解**と**仮定**をしていることは明らかです。そしてじつはもうひとつ、**比較**という動作が存在していることにも注目してください。

時間帯別に考えるということはそれぞれの時間帯を比較していくことに他なりません。3つの時間帯で金額や客数といった数値に差があるのはそのためです。このように数値を仮定するにあたり、なにかと比較することが有効な場面があります。

いったんここまでをまとめます。「知らんがな」を数値化する際に威力を発揮する動作は3つあります。分解と比較、そして仮定です。これは本書でご紹介したゴルフボールやカフェを題材にしたものに限られるわけではなく、あらゆるテーマにおいて当てはまることです。

もし興味のある方はぜひご自身でテーマを設定し、実際に数値化を試みてください。そしてそのプロセスを振り返ってみてください。必ずどこかに分解、比較、仮定の存在があるはずです。

そしてこのテーマは身近な題材でトレーニングすること以外、上達の近道はありません。そこで最後にエクササイズを預けますので、ぜひチャレンジしてみてください。アサンプションベース思考を使って数値化する目的は「意思決定」であることも思い出していただければ幸いです。

> 💡 **エクササイズ**
>
> あなたの仕事において次の3つの条件を満たすような数値を実際に数値化してみましょう。分解、比較、仮定、の3つを強く意識することが最大のポイントです。
>
> 条件1：具体的にどれくらいかを知りたい

条件2：それがあなたにとって「知らんがな」と言いたくなる
条件3：でもその数値があることであなた（あるいは相手）が意思決定
　　　　できる

「知らんがな」の数値化はこのテーマだけでビジネス書として1冊分の内
容になったり、1DAYのビジネスセミナーが企画されたりするほど奥深く楽
しいものです。フェルミ推定という用語でお探しいただければ良書もたくさ
んありますが、私が監修した超入門書も巻末に1冊ご紹介しておきます。興
味ある方はご参照ください。

「モデル化」で仕事をラクにする技術 ～オリジナルの評価式をつくる～

ではここから次の話題に移ります。
　一般論として、意思決定とはとても難しいものです。「いいえ簡単ですよ」
とおっしゃるビジネスパーソンは少ないのではないでしょうか。そこでひと
つ私から問いを投げかけます。

なぜ意思決定は難しいのでしょうか？

おそらく多くの方の答えは「正解がわからないから」「判断を誤るのが怖
いから」などではないでしょうか。私もビジネスパーソンですから、とても
共感します。一方で、私はこのような考えも持っています。

　意思決定が難しいのは、"何をもって決めるのか"を決めていないから。
言い換えれば、決める際のルールや基準が決まっていないから。

たとえばある仕事をどの企業に発注しようか悩むとします。複数の選択肢
からひとつを選ぶことはまさに意思決定ですが、決める際の基準があればそ

の基準に基づき、迷うことなく、即座にひとつを選ぶことができます。

「もし過去の取引額がもっとも多い企業」なのであればその企業を選べば良いし、「昨年の営業利益がもっとも大きかった企業（つまり業績好調な企業）」なのであればその企業を選べば良いわけです。とても簡単な仕事です。

つまり、**意思決定という仕事を難しいものとするか簡単なものとするかは、"何をもって決めるのか"を決めるか否かにかかっている**のです。

そこで威力を発揮するのが数値化です。具体的には**オリジナルの評価式をつくってしまい、その評価式の結果で意思決定する**ことを提案します。

まずは簡単な例で理解をしましょう。

たとえばあなたがある企業の採用担当だとします。A氏、B氏、C氏の3名を面接し、その中から1名を採用しなければなりません。まさに意思決定の場面です。当然ですがあなたの好みだけで1名を決めるわけにはいきませんから、決めるための要素が必要になります。

そこで今回は「事前の能力検査」「専門スキルと前職までの実績」「面接時に把握した対人スキル」とします。ここで重要になるのが**比較**です。3人を比較し、その優劣を3点満点のスコアに置き換えます。

ここで重要なのは「3人とも同じくらいの能力で甲乙つけがたく、全員が3点です」という考えは捨てることです。スコアに置き換えることの本質は差をつけることであり、同じスコアをつけてしまうのではそもそも数値に置き換える意味がありません。少し乱暴な言い方かもしれませんが、問答無用で、無理矢理にでも、差をつけることがポイントになります。

	専門スキル	対人スキル	能力検査	合計
A氏	3	2	1	6
B氏	2	1	3	6
C氏	1	3	2	6

さらに３つの評価指標においても重要度を数値化してください。ここでも先ほど同様に「３つとも同じくらい重要なので差をつけられない」という考えはできるだけ捨ててください。少なくとも１箇所は具体的な数値で差をつけます。今回の場合は最重要なのが「専門スキルと前職までの実績」、次に「面接時に把握した対人スキル」、最後に「事前の能力検査」であり、それぞれ比率として次のような配分が妥当であると**仮定**します。

専門スキルと前職までの実績：50％
面接時の対人スキル：30％
事前の能力検査：20％

　このような準備をし、次のような採用決定指数を**定義**します。もちろんこれは一般的なものではなく、この事例において定義されたオリジナルの評価式です。

採用決定指数＝（専門スキル）×0.5＋（対人スキル）×0.3＋（能力検査）×0.2

　この評価式をもとに３人の採用決定指数を計算すると次のようになります。

	専門スキル	対人スキル	能力検査	合計
A氏	1.5	0.6	0.2	2.3
B氏	1.0	0.3	0.6	1.9
C氏	0.5	0.9	0.4	1.8

　そして３つの数値を比較した結果、Aがもっとも大きいことがわかります。すなわち採用するべき人物はAということが瞬時に明らかになり、意思決定という仕事はこれで終了です。
　そしてやはりここでも重要なのは比較と仮定という動作です。ビジネスに

おける意思決定のほとんどが比較することで行われているはずです。そして50％、30％、20％という数値は人間が主観をベースにして仮定したものです。

　さらにここまでの内容をしっかり読んでくださったあなたなら、**採用決定指数を定義することは意思決定のための「型」、つまりモデルをつくること**だと伝わっているでしょう。まさしくモデル化とはこういうことであり、極めて数学的な仕事といえます。

　数学というよりは算数レベルのシンプルな方法論のご紹介でしたが、じつはこのような手法を取り入れることで仕事の質を上げている事例があります。

　私がお手伝いさせていただいたある大手メーカーの研修担当者は、実施した研修の品質を必ず数値化して確認するようにしています。細かい評価項目を設定し、事後にアンケートを実施し、それぞれの評価をスコアにします。ここまでならば多くの企業でも実践していることかと思いますが、この研修担当者はさらにもう一歩踏み込んだ仕事をしていました。

　これらの評価項目の中で、とりわけ重要なものを３つピックアップし、それを用いてオリジナルの評価式を作成しているのです。最終的にはその評価式で得られるたったひとつの数値を総合的な評価としているそうです。

　その３つとは次のとおりです。まずは研修の参加者が満足しているかどうかが重要であり、「満足度」を外すことはできません。さらに内容の「理解度」と、「実践度」（研修後に実践できる内容か、あるいは実践したいと思える内容だったか）も重要と考えます。

　さらにこの３つだけで比較し、重要度に差をつけます。どれも同じくらい重要なものですが、その中でもとくに「実践度」が最重要と考えます。ビジネスパーソンの研修ですから満足しただけで終わってはいけない、理解しただけでは意味がない、ということなのでしょう。私自身もとても納得する考え方です。

詳細項目	スコア	
全体を通じて、研修に満足できましたか？	79.6	○
研修で扱う範囲、学習量は適切でしたか？	80.1	
研修の難易度は適切でしたか？	73.1	
講義時間は適切でしたか？	74.9	
演習時間は適切でしたか？	81.2	
講師の説明はわかりやすかったですか？	89.2	○
演習は研修内容の理解に役立ちましたか？	88.1	
研修で学んだ内容を、業務で実践したいと思いますか？	93.4	○

　そこで総合評価指数という数値を次のような計算によって導かれるものと定義し、意思決定に使うモデルをつくります。上の表のスコアを当てはめた実際の数値はご覧のとおりです。

総合評価指数＝（満足度）×0.25＋（理解度）×0.25＋（実践度）×0.5
　　　　　　＝79.6×0.25＋89.2×0.25＋93.4×0.5
　　　　　　＝19.9＋22.3＋46.7
　　　　　　＝88.9

　実施したすべての研修においてこの評価式を適用させ、得た数値を比較することでどの研修が有益だったかをすぐに判断することができます。たとえば事前に最低ラインをスコア70と定義していれば、どの研修が合格（不合格）だったかすぐに判別ができます。来年はどの研修をリピート開催するか、あるいはどの研修は見直しが必要かもスピーディに意思決定できます。

　また、私のような研修を提供する側においても、このようなモデルがあるとありがたいとも思います。たとえば昨年の研修では総合評価指数が88.9だったとしたら、今年は90を目指して品質改良を行い、結果として総合評価指数が90を上回れば、それだけで「深沢先生は昨年よりも良い仕事をしてくれた」と自動的に評価してくださることになります。昨年と今年の違い

を定性的かつ曖昧なコトバで説明するよりもずっと伝わります。

さらに、このようなモデルがあれば、以降ずっとそれを使うことで自動的に数値化された情報を手元に用意することができます。とくに「**研修の品質**」のような数値化することが難しいテーマこそ、一度つくってしまえばとてもパワフルなツールになり、仕事もラクになります。

ぜひあなたの意思決定に役立つオリジナルの評価式を考えてみてはいかがでしょうか。

エクササイズ

あなたの仕事においてこれまでずっと曖昧な評価しかできなかったテーマはあるでしょうか。はっきりと数値化された情報があれば意思決定できるテーマであれば、ぜひオリジナルの評価式を考えてみてください。

私はこのような事例を企業研修やビジネスセミナーで解説しますが、聞いていただくビジネスパーソンの皆様の反応は総じて「とてもシンプルでやろうと思えば誰でもできること」です。たしかに足し算と掛け算しか使わず、子どもでもわかる論理です。

しかし実際のところは単にアンケートを集計し、雑多なスコアが並んだ状態でなんとなく「総合的にはいい研修だった」と曖昧な評価をして終えてしまうケースがほとんどです。この研修担当者のようにここまで踏み込んで仕事をしている方は残念ながら少ないと感じています。この研修担当者は研修の品質にとても厳しい人物といえますが、しかしそれはビジネスパーソンであれば当然のことではないでしょうか。

なぜこんなにも簡単なことなのに、仕事がラクになるはずなのに、実際の現場では難しいのか。それについては本章の最後に少しだけ触れたいと思います。

■「定義」であらゆるものは数値化できる　〜価値の数値化〜

　続いては**価値の数値化**という考え方をご紹介します。ファイナンスという分野に現在価値と将来価値という用語がありますが、ご存知の方はそれとほぼ同義と思っていただいて結構です。ただ、活用事例などは少し違った角度のものがあると思います。ぜひお付き合いください。

　まずは考え方の確認をします。たとえば30万円の腕時計（新品）が 年ごとに5％ずつ価値が下がると仮定した場合、5年後の価値はいくらになるでしょうか。次のような計算をすることによりおよそ23万円という結論を得ます。現在の30万円と未来の30万円は価値が同じとは限りません。

> 1年後 30万円×0.95 ＝ 28.5万円
> 2年後 30万円×0.95×0.95 ≒ 27.1万円
> （中略）
> 5年後 30万円×0.95×0.95×0.95×0.95×0.95 ≒ 23.2万円

　これは**「割引」**という言葉で表現できるものでしょう。そして割引率は5％ということになります。
　逆に腕時計の資産価値が上がっており、年ごとに5％ずつ価値が上がると仮定した場合、5年後の価値は次のような計算で数値化できます。

> 1年後 30万円×1.05 ＝ 31.5万円
> 2年後 30万円×1.05×1.05 ≒ 33.1万円
> （中略）
> 5年後 30万円×1.05×1.05×1.05×1.05×1.05 ≒ 38.3万円

　これは**「割増」**という言葉で表現できるものでしょう。そして割増率は5％ということになります。
　では本題に入ります。ここからは現在や未来という捉え方ではなく、ぜひ

「割引」あるいは「割増」という捉え方をしてみてください。

　たとえばあなたがある企業の営業部門のリーダーだとします。ある日、営業部メンバーの山田さんが商談を終え、オフィスに戻ってきました。あなたが感触を尋ねると、「10万円の商談でした。ほぼほぼイケそうです」とのこと。同じくメンバーである佐藤さんも商談から戻ってきました。あなたが感触を尋ねると、「10万円の商談でした。正直、五分五分っすね」とのこと。

　　山田：「10万円の商談でした。ほぼほぼイケそうです」
　　佐藤：「10万円の商談でした。正直、五分五分っすね」

　さて、あなたにとって現時点で価値の高い案件はどちらでしょうか。おそらく山田さんの案件とお答えになるはずですが、その理由が感触の違いによるものであることは言うまでもありません。しかしこの"ほぼほぼイケそう"や"五分五分"とは極めて曖昧かつ主観的な表現です。本章は主観を数値化することを試みていますから、この2つの表現も数値に置き換えたいところです。

　そこで本章でご紹介したあるエクササイズにおいて次のような解説をしたことを思い出しましょう。

　　ほぼほぼ「YES」がもらえる＝90％
　　なんともいえない（五分五分）＝50％
　　正直なところ、若干不安だ＝30％

　絶対に「YES」だとわかっている状態を100％とし、絶対に「NO」だとわかっている状態を0％としたとき、このような表現を考えることができました。そこでこの数値をそのまま拝借し、「営業案件の価値」を次のように定義して数値化してみます。

　　営業案件の価値＝（得られる予定の価値）×（商談の感触）

山田：「10万円の商談でした。**ほぼほぼイケそうです**」

　　　→　10×0.9＝9万円

佐藤：「10万円の商談でした。**正直、五分五分っすね**」

　　　→　10×0.5＝5万円

　山田さんの場合はちょっとだけ失注の可能性が残っているので10万円からちょっとだけ（10％だけ）割り引いて価値換算しておく、という意味がこの計算にはあります。もちろん佐藤さんの場合も同様です。

　先ほどあなたは現時点で価値の高い案件は山田さんとお考えになったはずですが、それは無意識レベルでこの9万円と5万円の比較をしているからです。

　もしこの定義を認めれば、この営業部門が持っているすべての案件を同様の考え方で数値化できます。たった2つの案件を数値化しただけではあまりメリットを感じることができないかもしれませんが、もしこの営業部門にメンバーが10人いたとしたらどうでしょうか。そしてもしその10人がそれぞれたくさんの商談予定や商談実績があるとしたらいかがでしょうか。

　私が営業部門のリーダーだとしたら、全員に全案件の“感触”を主観でも構わないから数値化させ、価値換算するように指示をするでしょう。その数値を集計することで、ざっくりですが先の見込みがわかるはずです。目標数値に対してショートしそうであれば受注確率を上げるような指導をするでしょうし、しばらくは計画どおりの数値になりそうであれば、いまから先を見据えた種まきの仕事をしっかりやるよう指示するかもしれません。いずれにせよ、リーダーとして意思決定ができます。

　実際、そのように営業進捗管理をする大手企業もあると聞いています。プライベートでは問題なくとも、やはり**ビジネスシーンにおいてはできるだけ“ほぼほぼ”や“若干”といった表現は避け、明確に数値にすることを推奨したい**と思います。

　ではそのような意味も込めて、難易度の高いエクササイズをひとつご用意

しておきます。

すでに本章の中でオリジナルの評価式の事例としても挙げましたが、重要な意思決定にもかかわらず数値化することが難しいテーマの代表格が「人材の採用」です。ご興味あればぜひあなたも考えてみてください。

 エクササイズ

> あなたは企業の採用担当者です。労力をかけずそこそこ優秀な人を採用するか、時間をかけてでもかなり優秀な人を採用するかで悩んでいます。どのようにして方針を決定しますか。

「なんとなく地道に採用活動を続け、面接でなんとなく良さそうな人に出会えたらその人に決める」というのが一般的な解答なのかもしれません。一方でこのような難問も数学的に考えてみたいという方は、おそらく"そこそこ"と"かなり"という2つの曖昧な表現に注目することでしょう。たとえば私の専門であるビジネス数学においては次のようなアプローチが考えられます。

そこそこ優秀な人→10人に1人の逸材（面接で出会う確率10％）と仮定
かなり優秀な人→100人に1人の逸材（面接で出会う確率1％）と仮定

たとえばそこそこ優秀な人に出会える確率が90％以上になるためには何人と面接することを想定しなければならないでしょう。仮にその人数を面接したとき、その中にかなり優秀な人がいる確率はどれくらいでしょう。

このようなことを確率計算で数値化することで、そこそこ優秀な人を採用するのが現実的なのか、あるいは最初からかなり優秀な人の採用にチャレンジするべきか、意思決定のヒントになる数値が手に入るはずです。少なくとも"なんとなく"仕事をするよりは、そのほうがずっと無駄な努力をする可能性は少なくなるように思います。

確率計算は少々複雑なものになり、細かい解説は本題から逸れるので省き

ますが、もしご興味ある方はチャレンジしてみてはいかがでしょうか。

「仮定」は徹底的にポジティブに、かつ徹底的にネガティブに

　具体的な仕事術をいくつかご紹介しましたが、じつはアサンプションベースの数値にはひとつ弱点があります。**個人の主観で仮定した数値ゆえに、「それは本当に実態を捉えているの？」と相手に思われてしまう**ということです。

　たとえばあなたが「日本の○○市場規模」を概算したとします。仮に5,000億円という結論を得たとしても、間違いなく実態を正しく捉えた数値であると自信を持って主張するのは難しいのではないでしょうか。

　なぜなら、あくまであなたが独自の分解と比較を行い、あなたの主観で数値を仮定して得た結論に過ぎないからです。実際のビジネスシーンで説明やプレゼンテーションに使うことにためらいが生まれたり、使ったとしても相手から説得力や信憑性がないと思われてしまいます。

　そこで、このような数値に説得力や信憑性をもたらすちょっとしたコツをご紹介します。

　たとえばあなたの友人になんでも弱気（ネガティブ）に考えるタイプと強気（ポジティブ）に考える方がいるとします。このふたりにも「日本の○○市場規模」を概算させたとして、仮に次のような結果が得られたとします。

弱気（ネガティブ）に考えるタイプの概算：1,000億円
強気（ポジティブ）に考えるタイプの概算：1兆円

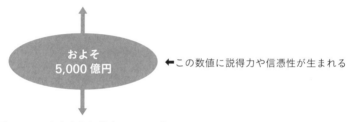

最高のシナリオを考えた場合　1兆円

およそ
5,000億円

←この数値に説得力や信憑性が生まれる

最悪のシナリオを考えた場合　1,000億円

　あなたの結論は5,000億円でしたが、このふたりの結論を見ると、少しだけ自分の出した結論に自信が持てないでしょうか。なぜなら、両極端なシナリオで考えた結果のちょうど中間あたりの数値だからです。

　このように**まずは徹底的にポジティブシナリオで考えて具体的にいくつかを概算し、次に徹底的にネガティブシナリオで考えて概算した結果の平均をとることでそれを結論にする**こともひとつのテクニックです。

　一般論としてビジネスは不確実な世界で行われる営みです。ですから未知の数値がどれくらいかを捉えたいとき、たったひとつだけのピンポイントな数値で説明するのは無理があるように思います。むしろ**「点」ではなく「範囲」で説明するほうが自然**ではないでしょうか。その範囲とは、最高のシナリオではどうなるのか、最悪のシナリオではどうなるのか、の2つを考えることです。

　この考え方は言い換えると、**複数の頭脳（思考）を用意してその平均をとる**ことに他なりません。じつは先ほどご紹介したオリジナルの評価式のテーマにおいてもその考え方が応用できます。

　ご紹介した研修担当者の事例における3つの係数「0.25」「0.25」「0.5」は重要度に差をつけるために仮定したものですが、これもたったひとりの個人による主観の仮定ではなかなか社内の共通ルールにすることは難しいかもしれません。

　そこでたとえば社内で研修や人材育成のことをよくわかっているキーパーソンを4名（つまり複数の頭脳）集め、それぞれに重要度の配分を数値で表

現してもらいます。

	満足度	理解度	実践度
Aさん	0.1	0.4	0.5
Bさん	0.2	0.3	0.5
Cさん	0.6	0.2	0.2
Dさん	0.1	0.1	0.8
4名の総意（平均値）	0.25	0.25	0.5

　そこでこの4名の平均値を"主要メンバーの総意"とし、たったひとりの個人的な主観で決めたものではないと社内に説明します。こうすることでこの配分が妥当であることへの説得力や信憑性を持たせます。

　ただしここで重要なのは、この4名のメンバーは必ず研修や人材育成のことをよくわかっているキーパーソンでなければなりません。よくわかっていない素人の主観はアテになりませんが、よくわかっている人の主観はとても大切な情報です。その大切な情報を具体的なコトバに置き換えることがアサンプションベースによる数値化です。ビル・ゲイツ氏の「しばしば、直観が頼みの綱になる」という言葉は実に本質をついているのだと思います。

　それでは次項から本章のまとめに入ります。とても大切なメッセージがあります。ぜひ最後までお付き合いください。

　いよいよ第3章でお伝えすることも残りわずかとなりました。

　本章でお伝えした内容がいかに実践的かを確認いただくことを目的に、ある企業で人事部に配属されているフカサワさんの仕事術をひとつご紹介することにします。フカサワさんは上司から次年度の採用計画を検討し、提案するよう求められていました。

　フカサワさんのいる会社は昨年の売上高がおよそ40億円。この数年新卒社員を採用し続けてきました。とくに昨年は10名という過去最多の採用実績があります。しかしフカサワさんはこの機会に、そもそも会社にとって新卒社員を採用することが妥当なのかを検討しなおしたいと考えました。

　そこでフカサワさんは新卒社員が1年間で会社にもたらす価値をどうにかして数値化しようと考えました。そして**社員が会社にもたらす価値は売上（お金）であると定義**してはどうかと思いつきます。

　社員がもたらす価値を金額だけで表現することに違和感を持つ同僚もいました。もちろん価値の定義はさまざまです。一方で、経営層やマネジメントクラスであればこのような数値に基づく意思決定は常識です。いったんこの定義に基づき、新卒社員の価値を具体的な数値に変換してみることにしました。

　具体的には全売上においてどれくらいが新卒社員の貢献かを金額で換算することを試みることにします。つまり1年間の売上とは「全従業員の頑張りのおかげ」「みんなの努力の結晶」という概念を持ち込み、立場や役職などに応じてその"おかげ"を配分しようと考えました。

　ところが社内にはそのようなデータは存在しません。いままでこのような考えを持ち込む社員は誰もいなかったのですから当然です。そこでフカサワさんはファクトベースではなくアサンプションベースにより数値化を試みることにします。

　まずは経営層も含めた全従業員34名を次の表のように分類することにし、**会社として1年間で得た全売上に対する貢献度を数値で仮定**しました。当然ながら経営層がもっとも貢献が大きい（60％）と考え、さらに入社してからのキャリアが長くなるにつれ重要な仕事を任されるとシンプルに考え、徐々に貢献度の数値は大きくなると仮定します。

	新卒	若手・中堅	管理職	経営層	全体
貢献度（％）	1%	14%	25%	60%	100%
売上額の配分（百万円）	40	560	1,000	2,400	4,000
人数（人）	10	16	5	3	34
ひとりあたり貢献度（百万円）	4	35	200	800	

　ただしこの数値はフカサワさんひとりだけの主観で決めたものではなく、各階層から満遍なく代表メンバーを集めて趣旨を説明し、それぞれの感覚を数値化しその平均値を使っています。

　その数値のもと売上高40億円を配分し、さらにそれぞれの分類における人数で割り算することでひとりあたりの貢献額を算出しました。すなわちこの会社では、新卒社員は初年度で売上にしておよそ400万円の価値を提供していると考えるのです。経営層はひとりあたり8億円ですからその差は200倍となりますが、その責任の大きさの違いからしてこの数値はフカサワさんの感覚的にはそれほど違和感のないものでした。

　さらにフカサワさんは次のような仮定をします。3つの仮定すべてに数値が使われていることに注目してください。

仮定1：入社して3年目までは素直に吸収し年ごとに順調に成長していく
仮定2：4年目以降は成長が鈍化する人が出てくる
仮定3：残念ながら新卒社員の半分は3年経たずに辞めてしまう

仮定1においては価値に換算できる金額が年ごとに50％ずつ高まっていくことと仮定します。すると次のような計算をすることにより、この会社が新入社員を1名採用するならば3年間で合計1900万円ほどの売上という価値を提供してくれる計算になります。

初年度　400万円
2年目　400万円×1.5＝600万円
3年目　400万円×1.5×1.5＝900万円

しかし仮定2によりこのような単純な計算で説明できるのは3年目までとなります。

さらに少しだけ現実的な話に踏み込んでみると、当然ですが新卒社員はタダで働いてくれるわけではありません。会社は給与を支払いますし、現場で指導をする先輩社員にもコストが発生しています。さらに言うなら、彼らの採用にもそれなりのコストが生じています。

そのような数値をすべて考慮したうえで若手・中堅や管理職とも比較し、新卒社員を採用することがはたして合理的かを判断し、意思決定しなければなりません。

さらにフカサワさんは仮定3も考慮しつつ総合的に判断し、残念ながら新卒社員を採用することはこの会社の経営的に合理性がないのではないかと考えました。中途採用についても同じ考え方で数値化していくと、数字上はそちらのほうがメリットが大きいと判断できたからです。

この結果を踏まえ、フカサワさんは人事部の上司に対して次のように報告しました。

「この機会になんとなく新卒採用を継続することはやめて、中途採用で即戦力を獲得する方向に舵を切ってはどうか。とくに経験豊富なシルバー人材（定年退職した高齢者の中で就労可能な人材のこと）などの活用もいまは成功事例が多く、当社も検討すべきではないか」

するとすぐにその情報が経営層にも共有されますが、最終的に経営層の判断は次のとおりでした。

「たしかに現状では新卒社員を採用することに収益的なメリットが出ていない。シルバー人材の採用という方向性もよく理解できる。経営的な視点での提案に感謝している。しかし当社はあくまで"新しい価値観を持った世代をうまく活用できる会社"でありたいと考えている。むしろ新卒社員を即戦力にできない育成体系や新卒社員が早期退職してしまう現場のマネジメント力のほうに問題があるのではないか。新卒社員の貢献度を初年度からもっと上げるためにできることはないだろうか。新卒から若手・中堅への橋渡しを機能させ、彼らのひとりあたり貢献額をいまの2倍にすることを短期的な目標にして欲しい。よって新卒採用は継続し、育成のための戦略を根本から見直すこと。すなわち"なんとなく"の新卒採用ではなく、"戦略的"な新卒採用をすること」

フカサワさんとしては難易度の高い要求が逆に返ってきましたが、一方で心情的には「たしかにそのとおりだよな」と自分の考えをあらためるものでした。はっきりと方針が示された以上、早急に具体策を練って経営層に提案できるようにしなければなりません。すぐにプロジェクトチームを立ち上げ、"戦略的"な新卒採用への変革に向けて一歩を踏み出しました。

いかがだったでしょうか。ここまでご紹介してきたさまざまなエッセンスが盛り込まれたケーススタディともいえます。

フカサワさんにしてみれば、数値化により提案したこととは逆の展開になりましたが、しかしその仕事のおかげで経営層と大切なコミュニケーションができたり、すべきことが明確になったことは事実です。

ファクトがない中でもビジネスを数値で捉え、重要な意思決定に活用する。アサンプションベースの仕事はこういうことです。

　少しでもあなたのヒントになっていれば嬉しいです。

数値を想像できる人が、数値を創造できる

　本章でご紹介した**アサンプションベースの思考法とは、突き詰めると「想像すること」**だと思います。クローゼットの広さを想像する。カフェの単価を想像する。商談の結果、受注できそうかどうかを想像する。順調に成長するとはどういうことかを想像する。想像することで数値というコトバをつくっていく作業なのです。

　私は次の1文を真剣に企業研修やビジネスセミナーの場において口にしています。ここまでお読みくださったあなたなら、この1文が単なる言葉遊びでないことはわかってくださると思います。

　数値を想像できる人が、数値を創造できる。

　では本章の最後に、数値化の本質についてお話をさせてください。

数値とは、覚悟のコトバである

　あらためて申し上げると、数値化の目的は意思決定です。そしてすでにお伝えしたように、意思決定が難しいのは"何をもって決めるのか"を決めていないからです。

　私たちビジネスパーソンはともすれば、これだけですべてを語り尽くしているように思ってしまいがちです。しかし私はここにとても重要な問いが隠されていると思っています。その問いから逃げてはいけないように思うのです。

　決めるためには決めるためのルールや基準が必要。このことに異論のある方はおそらくいないでしょう。誰もがそのとおりと思うシンプルな真理ではないでしょうか。つまりそんなことはみんなわかっているのです。

　ではこのテーマにおける本質はどこにあるのでしょうか。私はこう思うのです。

そもそも物事をはっきりさせようと思っているのか？
そもそも数値化したいと思っているのか？
そもそも本気で決めようとしているのか？

　適切な例かはわかりませんが、たとえばそろそろパートナーと関係を解消したいと思っている人がいたとして、でもズルズルと関係がいまも続いているとします。おそらくこの人は本気で解消しようと思っていないのではないでしょうか。

　いまの会社の不満ばかりを口にし、すぐにでも転職したいと言っている人がいたとします。転職したいと言いつつ実際まだいまの職場にいるとするなら、その人はじつは転職をしたくないのではないでしょうか。本気で白黒はっきりさせようとは思っていないのではないでしょうか。

　つまり、意思決定できるかどうかは、先ほどの問いが本質であり、避けては通れないものだと私は思うのです。

　ビジネスパーソンなら、誰しも失敗が怖いはずです。もちろん私もそうです。だからできれば意思決定したくありません。うまくいかなかった場合はその意思決定をした自分に責任が生じると考えるからです。

　しかしご存知のように、意思決定のないビジネスなど存在しません。もしかしたらこれは思考法やビジネススキルの話ではなく、**「勇気」**や**「覚悟」**といった話かもしれません。

　私は「数字」や「論理」といったものをビジネスで活用することを推奨す

る立場です。その立場からして、「勇気」や「覚悟」といったエモーショナルな話は好みではありません。本書をここまでお読みくださった方の中にも、いわゆる精神論でまとめる論調は好みでない方もいるでしょう。

　しかしこと意思決定というテーマに関しては、「数字」や「論理」よりも、「勇気」や「覚悟」ではないかと思う自分がいます。それがないビジネスパーソンは、そもそも本音では数値化したいと思っていないのではないでしょうか。なぜなら、曖昧な状態をこれ以上ないほどはっきりしたコトバに変換し、間違うかもしれないリスクをとってでも、勇気をもって意思決定しようとハラを括っていないからです。

　私は企業研修の現場で、とくに管理職向けの指導においては「**数値とは、覚悟のコトバである**」とお伝えするようにしています。

▌管理職研修で必ず使う3つの質問

　数値化はハラを括っていないとできません。そこで私は管理職など意思決定することが求められるビジネスパーソンの皆様には、次の3つの質問をご紹介するようにしています。仕事において数値化の必要性を感じたとき、ぜひ自分自身に問いかけてみてください。

　Q1 なぜそのテーマで（その対象を）数値化する必要があるのでしょうか？
　Q2 正直なところ、本当に数値化したいと心から思っていますか？
　Q3 実際の数値を見て、素直に行動しますか？

　まずQ1は当然でしょう。ビジネスにおいて目的のない数値化など存在しません。もちろんそのほとんどは意思決定のためであると思います。

　次にQ2は先ほどよりお伝えした覚悟の有無を問うものです。数値化する

ということは曖昧な状態を破壊し、明確に「AよりもBの方が大きい、だからAを選ぶべき」という情報をつくることに他なりません。

　すなわち、意思決定しない（できない）理由がなくなるのです。あなたにその覚悟がおありですか、という質問にYESと答えられるかどうかは極めて重要でしょう。

　最後のQ3は数値化した結果を信じて意思決定しますか、という趣旨の問いです。いくら数値化を試みたとして、その結果が「自分の直感とは違う結果なので参考にならない」や「数値はあくまで数値。そうは言っても現実は……」という逃げのスタンスの方は、いくら数値化の技術や思考法を身につけたとしてもまったく役に立たないでしょう。数値化する以上は、その数値から得られる結論どおりに意思決定すべきではないでしょうか。

　そういう意味で、私は**意思決定できるビジネスパーソンとは数値に素直な人**だと思っています。

　ただしこの主張にはひとつ前提があります。その数値の本質を掴んでいることです。

　たとえば前項のケーススタディを思い出しましょう。あくまで数値は「新卒採用は経営的にはやめるべき」と示しているように見えるかもしれませんが、じつはその数値が示す本質は「新卒社員を戦力にできない現状」です。おそらくあの事例で登場した経営層は数値を後者の意味で捉え、**その数値に素直であった**のではないでしょうか。

　先ほどの3つの質問すべてに自信を持って答えられるときだけ、あなたは数値化というスキルを使って成果を出すことができるのだと思います。この話を再現性のない単なる精神論と思われるか、それともすべてのビジネスパーソンに必要なセンターピンと思われるか、それは読者のあなたに委ねることにします。

「直感」と「数学的思考」の関係とバランス

　そろそろ本章の結びとします。冒頭でも少し触れましたが、あなたは本章のキーワードでもあった「直感」と、「数値」や「論理」というものの"関係"を明らかにできたでしょうか。

　絶対の正解はありません。あなたなりに整理できるものがあればそれが答えで良いと思います。参考までに、私なりの整理も紹介しておきます。

「数値」や「論理」をつくるために、「直感」を使う
「直感」を説明するために、「数値」や「論理」を使う

　前者はまさに本章の内容であったと思います。一方、後者は学問の数学そのものであったりします。数学には、「こんな性質があるんじゃないか」「角度Aと角度Bは等しくなるんじゃないか」「Xを無限に大きくすればYは0に近づくんじゃないか」といった直感が正しいことを、数字と論理を使って証明していく側面があります。

　これは数学の世界だけではなく、私たちの日常にもよくあるように思います。なんとなく直感的に思ったことを後付けで理屈をつけて説明し、それらしい意見にして発言することはよくあります。

　そういう意味で、この2つは交わらない真逆の存在ではなく、極めて密接に関係する仲良しコンビであるということです。

　なんでも直感だけで動く人はビジネスではうまくいかないかもしれませんが、一方でデータやロジックしか信じない人もじつはビジネスでは成功しないように思います。

　両者のバランスが大事とはよくいわれることですが、つまりはそういうことなのではないかと思います。

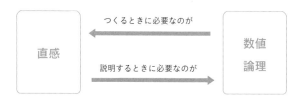

　第2章から第3章にわたり、数学的に考えるとはどういうことかをたっぷり学んでいただきました。

　次章からは文脈がコミュニケーションに変わります。新しい概念に出会うこともあると思いますが、ぜひその出会いを楽しんでいただきたいと思います。

第4章

数学的に
文章を読む・書く

1 数学とは文章である

あなたはコミュニケーションを誰から教えてもらったか

　本章からはテーマがコミュニケーションになります。私たちビジネスパーソンにとって「考えるスキル」は極めて重要なものですが、それと同じくらい、いいえもしかしたらそれ以上に重要なのがコミュニケーションスキルかもしれません。

　「読み・書き・そろばん」という表現があります。すべての人にとって、生きていくにあたり最低限必要なスキルという意味であると理解しています。そしていまビジネスパーソンの能力開発や人材育成の仕事をしていて、とくに**「読み・書き」は本当に大切**なことだと痛感しています。なぜならこの2つはコミュニケーションスキルだからです。

　どんなに優れた頭脳を持っていても、誰もが憧れる会社の名刺を持っていても、誰かと通い合うことなくビジネスで成果を出すことはできません。そこでまずは本章でこの「読み・書き」というスキルを数学的な観点で学んでいただきたいと思っています。

　ところであなたはコミュニケーションの基礎を誰から教えてもらったでしょうか。あなたが小学校や中学校に通っていたとき、"コミュニケーションの授業"や"コミュニケーションの先生"なる存在はなかったのではないでしょうか。

　つまり私たちはコミュニケーションの基礎というものをちゃんと教えてもらうことなく大人になり、そしてビジネスパーソンになり、いきなり「ビジネスにおいてはコミュニケーションが重要ですよ」と言われるのです。「そんなに大事なものがあるなら、もっと早く教えてくださいよ」と思う人がいても不思議ではありません。

　私は**コミュニケーションの基礎は学生時代の数学の授業を通じて学んだ**と思っています。正直に申し上げれば、当時の私はそのような認識を持っていませんでした。ただなんとなく面白くて、純粋に問題を解くのが楽しくて、数学に夢中になっただけです。

　しかし大人になり、そしてビジネスパーソンとなり、ビジネススキルを指導する立場になり、成果を出す人が持つスキルを私なりに分析していくことで気づくことになります。いまになって振り返ると、**数学の授業でしていた動作が、結局のところいまビジネススキルとして、とくにコミュニケーション領域において求められている**ことに。

　一方で、日本でごく一般的な教育を受けてきたほとんどの人にとっては、この「数学の授業はコミュニケーションを学ぶ時間だった」という私の主張にすぐ納得することは難しいでしょう。いったいどういうことなのか、ここから少しずつ説明してまいります。決していまから数学の学び直しをするわけではないので、アレルギーのある方もどうか安心して読み進めてみてください。

ビジネスコミュニケーションの本質は
すべて数学の教科書に書かれている

　学生時代にお世話になった数学の教科書を久しぶりに開いてみたところ、次のような記述が目に入ってきました。唐突かもしれませんが、まずはざっと眺めてみてください。内容自体を理解する必要はありません。

【問題】
初項から第3項までの和が7、第3項から第5項までの和が28である等比数列の初項aと公比rを求めよ。

【解説】
条件から

$$a + ar + ar^2 = 7 \qquad \cdots\cdots①$$
$$ar^2 + ar^3 + ar^4 = 28 \qquad \cdots\cdots②$$

②より $r^2(a + ar + ar^2) = 28$
①を代入して $7r^2 = 28$　　$r^2 = 4$
　　よって $r = \pm 2$

$r = 2$ を①に代入すると $a + 2a + 4a = 7$
　　よって $a = 1$
$r = -2$ を①に代入すると $a - 2a + 4a = 7$
　　よって $a = \dfrac{7}{3}$

したがって　$a = 1, r = 2$　または　$a = \dfrac{7}{3}, r = -2$

このような記述は数学の教科書に書かれている代表的なものといえるでしょう。懐かしさを覚える人もいれば、当時の嫌な記憶が蘇ってしまった人もいるかもしれません（申し訳ございません）。

この内容は【問題】と【解説】に分かれていますが、数学をしているのは明らかに【解説】です。多くの方はこの様を「数式が書かれている」「計算の過程が説明されている」と表現します。たしかにおっしゃるように数式は書かれていますし、計算の過程が説明されています。しかし私は少しばかり違う捉え方をしています。そしてそれは学生時代に数学の勉強をしていたときからいまも変わっていません。次は本章の根幹を成すメッセージになります。

「数学の教科書に書かれていることは、すべて文章である」

数学とはもっとも読みやすい文章である

第1章でお伝えしたように数字とはコトバです。では数式とはなんでしょうか。くどいようですが、数字とはコトバなのです。そして数式とは数字というコトバを組み合わせてつくるものです。つまり数式とは文章と捉えることはできないでしょうか。たとえばある数xとyを用いて数式を表現してみます。

$x + 5y = 15$

これは次の文章と同じことです。

ある数xとある数yの間には、xに対してyを5倍した数を合わせた結果が15になるような関係があります

間違いなく、**数式とは文章**です。そしてこの2つを比較して明らかなことは、文章を読むという観点では**数式のほうが早いしラクである**ということです。数式を見ただけで嫌な気分になってしまうアレルギーのある方も多いようですが、本来、数式というものはとても便利なものであり、人々のストレスを軽くしてくれるありがたい存在なのです。

そこで、先ほどご紹介した数列の問題における【解説】を思い出しましょう。数式の部分をあえて＜文章＞と表現してみます。

【解説】
条件から
〈文章その1〉　　……①
〈文章その2〉　　……②

②より　〈文章その3〉

①を代入して 〈文章その４〉 〈文章その５〉
　　　よって 〈文章その６〉

〈文章その７〉 を①に代入すると 〈文章その８〉
　　　よって 〈文章その９〉
〈文章その10〉 を①に代入すると 〈文章その11〉
　　　よって 〈文章その12〉

　　　したがって 〈文章その13〉 　または 　〈文章その14〉

　このように眺めてみると、数学の論述とはいくつかの文章（数式）と「よって」「したがって」といった数学コトバの組み合わせでほぼ成り立っていることがわかるはずです。つまり数学全体がまさに文章であり、数学をすることは文章をつくる営みでもあるのです。
　さらに数学という文章には特徴が２つあります。

・文章（数式）を数学コトバで接続して成り立っている
・最短距離であることが正義（無駄なコトバがひとつもない）

　前者はすでに説明しましたが、より重要なのが後者です。
　そもそも数式というものの中に不要な数字や文字はひとつもありません。もしあったとしたらそれは正確でない数式ということになり、問題に対して正答を得ることができなくなります。そしてその数式という文章を接続していく数学コトバにおいても、接続する機能を果たさない「よって」や「したがって」など存在しません。つまり、**数学という文章は無駄なコトバがひとつもない**のです。
　もしよろしければかつてご自身が使った数学の教科書や、ご家族が勉強に使っている参考書などを開いて眺めてみてください。

「これはこの問題には関係ない数式ですが……」
「ちょっと余談ですけど……」

「必要かどうかわかりませんが、いちおう説明しておくと……」

などといった文章はひとつもないはずです。なぜなら、数学というものはそのような文章が存在してはならない文化の学問だからです。

　そして最後に大切なことをお伝えします。一般的に、人は無駄なコトバがひとつもなく理路整然とした文章を読んだとき、おそらくこう言うはずです。

　　「読みやすい」

　私は**数学とは世界でもっとも読みやすい文章**だと思っています。ですから冗談ではなく真剣に、私は自分のことを「学生時代に世界でもっとも読みやすい文章をひたすら読んできただけが取り柄の人間」だと思っています。

　そんな私が文章というテーマでビジネスパーソンのみなさんにお役に立てることはなにか、本書を執筆するにあたり徹底的に研究し整理をしました。文章の読み方や書き方などを体系的に学んだことのない私がいったい何をお伝えできるのか、次項から説明いたします。

「読むことが大嫌い」と「書く文章がわかりやすい」

　繰り返しですが、私は「学生時代に世界でもっとも読みやすい文章をひたすら読んできただけが取り柄の人間」です。その経験は私に2つの個性をもたらしました。

【読む】
とにかく不要な情報が入った文章を読むのが大嫌い

【書く】
とにかく「深沢さんの書いた文章は読みやすい」と褒められる

「とにかく」という枕詞をつけるくらい、大嫌いであるということです。「とにかく」という枕詞をつけるくらい、そこだけはとても褒められます。

　まずは【読む】について説明します。無駄なコトバがひとつもない文章ばかりを好んで読み続けた私にとって、逆にそうでない文章を読むことは苦痛で仕方がありません。とても大雑把に言えば、他人が書いた文章を読むのがとても苦手なのです。

　メディアやSNSなどで目にする記事や個人の発信。ビジネスにおいてやりとりするメールの文章。インプットのために行う読書。誰かが書いた文章を読むことは日常において多々あります。
　しかし私は「不要なものを人様に読ませることは罪」という価値観を持っているため、とにかく必要な情報だけ目に入れたい、できるだけ労力をかけずに理解したいと強く思っています。
　そんな私はいつからか文章を読む際にいくつかのポイントを置くようになりました。**ごく普通の文章をいかに数学の文章のように読むか**。後ほどご紹介することにいたします。

　次に【書く】についてです。先述のとおりとにかく「深沢さんの書いた文章は読みやすい」と褒められます。プロの作家としてのべ30冊以上の著書を発表できているのも、おそらくそのおかげだと思っています。
　もちろん創作物において読みやすいことが必ずしも良いと断言はできません。しかし**読み手にストレスを与えない、気持ちよくスムーズにゴールまでたどり着いてもらう工夫や努力ができることは大切**ではないかと思っています。なぜなら、自分が書いた文章を誰かが読むということは、その誰かの時間を奪う（あるいはお預かりする）ことに他ならないからです。
　いったい私は文章を書くときに何をしているのか。こちらも後ほどたっぷりご紹介する予定です。

2 数学的に読むとはどういうことか

「読む」 ≠ 「読解する」

まずは私が文章を読む際にポイントにしていることを解説します。

もしかしたらあなたは書籍、記事、メールなど読む対象によって読み方は異なるという価値観をお持ちかもしれません。そのことを否定はしませんが、私は書かれていることを理解するという意味で「本質は同じ」だと思っています。つまり**書籍、記事、メールなど、すべて同様の「読み方」で事足りる**というスタンスで説明してまいります。

一般的には文章を読むという意味で使われる"読む"とは英語の"read"のことだと思われるのではないでしょうか。しかし**私は"読む"ことの本質は"think"**だと思っています。

"think"とはもちろん考えることですが、その目的は文章の内容を理解することです。つまり私にとって文章を読むとは、書き手が伝えていることを理解することに他なりません。そういう意味では次のような整理をしてくださっても結構です。

「読む」 と 「読解する」 は違う

「読む」とはまさに文字を読むことです。知らない漢字や知らない単語がなければおそらくその文章を「読む」ことはできるでしょう。しかし私たちビジネスパーソンが実際にすることは「読解」のはずです。読んで解る必要があるということになるので、当然ですが考える必要が出てくるのです。

つまり、**もし文章を読むコツなるものがあるとしたら、それは物事を理解するコツと同義**ということになります。

では物事を理解するために必要なことはなんでしょうか。正解はひとつで

はない問いだと思いますが、私には明確にひとつの答えがあります。

「構造化すること」

　本書の根幹を成す5つの動作のひとつに構造化がありました。じつは第2章において構造化という動作を身体に染み込ませるための重要なヒントをご紹介しております。その箇所をそのまま再掲しますので、あらためてご確認ください。

　一方で、忙しいビジネスパーソンがいまからその学習やトレーニングのため多くの時間を割けるとは思えません。これ以上ないほどシンプルに、短時間で、簡単に、日常の中でそれを訓練できる方法はないか。私は人材育成や能力開発の専門家として、このテーマを徹底的に研究しました。いまからあなたにその研究結果をご紹介します。問題を構造化して答えを出していくという動作をこれ以上シンプルに説明することはできないと断言します。

「わける」と「つなぐ」

　「わける」とは分解という動作のことだと思ってください。「つなぐ」とは数学コトバでつなぐことだと思ってください。その内容は実際に私が研修コンテンツとして開発し、企業の人材育成やトップアスリートの考える力を鍛えるためのアプローチ法として活用され、ご評価いただいてきました。どうか信じていただきたいと思っています。

　つまり要約すれば、**物事を理解するために必要なことは「わける」と「つなぐ」であり、これ以上シンプルに説明することはできない**ということです。
　私は**文章を読む際は必ず塊に分解し、その塊どうしの関係を理解する**ようにします。

一般論になりますが、理解するという表現で使われる「解」という字には解きほぐすという意味があります。つまり理解するとは解きほぐすこと、もつれたり固く結ばれたりしているものを少しずつ解いてばらばらにすることを指します。ですから文章を読むためには（つまり理解するためには）、その文章をばらばらにすることが必要なのです。

この考え方に基づき、**文章を塊に分けるときは句点「。」をひとつの塊が終わるサインと考えます。**そしてその塊だけでは意味がわからない場合はその前後の文章も合わせ、意味がわかる状態のものをひとつの塊と捉えます。

そして次はばらばらにした状態の塊を数学コトバでつなぎます。数学コトバについては第1章をあらためて確認ください。

たとえばある文章の中にある塊Aの次に別の塊Bがあったとします。あなたはこのAとBそれぞれの内容を理解しているはずです。ならばこの2つがどんな関係で結びつけられるかも自ずとわかるはずです。

BがAの理由にあたる内容なのであれば、AとBは「なぜなら」というコトバで接続できます。あるいはAとBが対の内容になっているのであれば、AとBは「一方で」というコトバで接続できます。簡単な例を次の表で示していますので確認してください。

A	B	AとBの関係	つなぐコトバ
雑談のネタが増えた	読書を習慣にした	理由	なぜなら
数学は正解がある	ビジネス数学は正解がない	対	一方で
簡単にできることこそじつは大事だ	声を出して挨拶する	例	たとえば

このようにして文章を塊に分け、数学コトバで接続することで、読んだ文章を次のように構造化することができます。仮にあなたの読んだ文章を便宜上X、Y、Zと表記するなら、次のような状態にするイメージです。

第1章でご紹介した数学コトバはどれも重要ですが、とくに効果的かつ頻繁に使うコトバを3つ挙げるとしたら、**「次に」「ゆえに」「なぜなら」**でしょうか。文章というものは基本的に読み進めるものであり、文字どおり"進むもの"です。「前に進みますよ」という合図にもなる「次に」などは頻度が高いと思われます。

そしてビジネスにおける文章には必ず結論があるかと思います。結論に向かう（進む）意味を持つ「ゆえに」「以上より」といったコトバは重要でしょう。

また、つねに根拠が求められるビジネスコミュニケーションにおいて「なぜなら」が重要であることは明らかでしょう。

文章を数学のように読む方法

ここまで極めて抽象的な（具体的でない）説明が続いたので、次に具体例を用いて説明します。

私がこの原稿を執筆している日にたまたま東洋経済オンラインで拝見した記事の導入文章を例にします。私もジャケットスタイルにスニーカーを合わせることがあるのでちょっと気になり、つい読んでしまいました。

ビジネスシューズの選択肢としてスニーカーが定着してきたのに伴い、残念な着こなしも増えています。なかでも、軽装でスニーカー通勤をしたときに野暮ったくなる人が少なくありません。

スーツジャケットを脱いだだけのワイシャツ姿が「手抜きビズ」と言われるように、ジャケットに馴染んでいた通勤用スニーカーが、「ワイ

シャツ姿になった途端、違和感がある」という経験はありませんか。

そこで今回は「*夏のスニーカー通勤における最適解*」について、のべ5,134人のビジネスマンの買い物に同行してきた服のコンサルタントがお伝えします。[1]

いまから**「私の考える基本的な読み方」**と**「私が実際にこのケースでした読み方」**を2つご紹介します。

「私が考える基本的な読み方」とはいわゆるお手本的な読み方、時間はかかるが理想的なものとご理解ください。一方、「私が実際にこのケースでした読み方」は前者の読み方が理想だが時間がかかって大変という場合に使えるものとご理解ください。ケースバイケースで使い分けていただくことを目的にご紹介します。

まずは「私の考える基本的な読み方」から説明します。

幸いなことにこの導入文はいくつか改行がされており、わかりやすく「3つの塊がある」ことを表現してくれていました。

まずは文章をすべて通読し、それぞれの塊を一言で表現するようにします。そしてその一言を数学コトバで接続するのです。

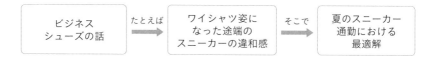

いかがでしょう。この情報だけで先ほどの230文字を超える文章をほぼ理解できたことになります。これが読むではなく読解するということです。そしてそのために必要なのは構造化であり、それは「わける」と「つなぐ」の組み合わせだけでできることなのです。

1）森井良行「夏に目立つ！スニーカー通勤姿がダサい人の共通点」東洋経済オンライン、https://toyokeizai.net/articles/-/692915（2023年12月11日閲覧）

そして構造化されたこの状態は、複数の塊が数学コトバで接続されている
ように見えるはずです。つまりこの状態はまさに数学という文章なのです。
先ほどお伝えした、**ごく普通の文章を数学の文章のように読む**とはどういう
ことか、少し伝わったでしょうか。

　私はどんな文章もこの方法を基本として読んでいます。いいえ、理解して
います。

　ちなみに実際にあなたが誰かの書いた文章を読むとき、先ほどの例のよう
にわかりやすく改行され、塊がわかる状態になっていることは稀かもしれま
せん。そのときは先ほど説明した構造化を自ら行い、まさにあの記事のよう
な状態をつくることになります。商業的な書籍や大手メディアの記事が読み
やすいと感じるのは、プロがこのような編集をしているからでもあります。

すべての文章を読まなくても理解する方法

　では続いて「実際にこのケースで私がした読み方」をご紹介します。とに
かく無駄が大嫌いな、"筋金入りのせっかち"な私なりの読み方ですので、
人によって相性があるかと思います。実践してみるかどうかはご自身でご判
断ください。

【STEP1 まずは最初の塊「ビジネスシューズの〜少なくありません。」を読む】
　まずはそもそもなんの話かを理解します。すぐにビジネスシューズの話と
理解しました。

【STEP2 次の塊は読まず、最後の塊「そこで〜お伝えします。」を読む】
　できれば最短距離で文章を読み終えたいので、2つ目の塊はあえて飛ば
し、最後の塊を読みました。「夏のスニーカー通勤における最適解」は興味
があるのでこのまま読み進めようと決めました。以上で終わりです。

　つまり私は（記事を書かれた方には大変申し訳ないのですが）2つ目の塊

は読んでいません。もしSTEP2を終えた段階でなにか腑に落ちないことがあったり、確認したいことがあった場合のみ、STEP3として2番目の塊を読むことにするでしょう。この読み方により把握した構造は次のとおりです。

このケースにおいてはそもそもなんの話かを理解し、そして記事の主題に興味があることが確認できたので私としてはそれだけで十分であり、**すべての文章を読まなくてもこの文章すべてを理解できた**と考えます。

ちなみに先ほど申し上げた"腑に落ちないこと"や"確認したいこと"はどんなときに生じるかというと、私の中に次のような疑問が生じ、それを解消しなければいけないと判断したときです。

「なぜ?」
「たとえば?」
「ということは?」
「つまり?」

数学コトバがほとんどであることに気づいていただけるでしょう。このような疑問が生じるということは前後関係や因果関係など、塊どうしの関係がはっきりしていない、あるいは必要最低限の塊が存在していないことを意味します。子どものころから数学という文章を徹底的に読んできた私は、数学のように述べられていない文章には自然に違和感を覚えてしまうのでしょう。

あらためて、物事を理解するにあたり情報が塊に分かれていることと数学コトバによる接続がいかに重要か伝わっていれば嬉しいです。

参考までに補足です。

先ほどの例で私は「読み飛ばす塊」の存在について述べました。もしかしたらあなたは「読む塊」と「読み飛ばす塊」の見極めはどうするのか疑問に思ったかもしれません。

もちろんケースバイケースという便利な表現がここでの正解なのですが、ひとつたしかなことをお伝えするなら、私は**最初の塊と最後の塊は必ず読みます**。なぜなら、よほど個性的な人が書いた文章でなければ最初に「そもそも」を、最後に「要するに」「つまり」「結論は」といった文脈の情報を書いているはずだからです。どんな文章もその2つの情報さえあれば、大枠どんな内容なのかは理解できると考えます。

要約するとはどういうことか　～具体的と抽象的～

かつて学生時代の国語の授業で、「次の文章を要約しなさい」といった類の問題をよく目にした記憶があります。要約とは雑多な情報の要点だけを抽出し、文字どおり"要するになんなのか"を言語化することです。

私は要約が得意かどうかはわかりませんが、少なくとも好きではあります。なぜ好きかというと、それは数学の文章に近づけることに他ならないからです。

たとえば先ほどのビジネスシューズの例を思い出しましょう。それぞれの塊を一言で表現するようにする、というプロセスがありましたが、これこそまさに要約することといえます。じつはここで私がしたことの本質は2つでした。

- もっとも大きな"包み"を明らかにする
- 具体的な情報を消していく

たとえば次の文章を思い出しましょう。

> ビジネスシューズの選択肢としてスニーカーが定着してきたのに伴い、残念な着こなしも増えています。なかでも、軽装でスニーカー通勤をしたときに野暮ったくなる人が少なくありません。

私は先ほどこの文章を「ビジネスシューズの話」と要約しましたが、どのような考え方でその結論を得たのかを解説します。

要約は慣れている人なら当たり前のようにサッとできてしまいますが、慣れていない人はいったいどのように行うものなのかがいつまでもわからずに苦しみます。そしてビジネススキルや思考法の専門家である私でも、頭の中でしていることを説明するのは意外に難しいテーマです。いまから極めてシンプルに、かつ丁寧に解説するので、ぜひこの機会に感覚を掴みましょう。

まずはあの文章を読めば「ビジネスシューズ」に関係する内容であることはすぐにわかります。それを少し具体的にしたのが「スニーカーが定着」や「残念な着こなし」という情報です。次に"なかでも"という表現に象徴されるように、さらに具体的な事例を述べたものが「軽装でスニーカー通勤をしたときに野暮ったくなる」です。

つまりこれらの情報を包含関係で図解したものが次の左図であり、より具体的か抽象的かで整理したものが右図です。

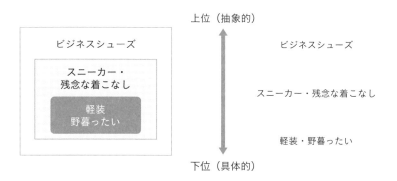

左図に注目したとき、もっとも大きな"包み"とはもちろん「ビジネス

シューズ」です。右図において具体的な情報を消していく作業をしたとき、最後に残るのは「ビジネスシューズ」です。ですからこの文章を要約すると「ビジネスシューズの話」となります。このようにもっとも大きな"包み"を明らかにし、具体的な情報を消していくことが要約なのです。

　余計な贅肉を削ぎ落とし、これ以上削ぎ落としたら何もなくなってしまう状態にまでもっていくということは、**無駄なものが一切ない状態を目指す**ということになります。それはまさに数学という文章に求められる状態に他なりません。私が「得意かどうかはわかりませんが、少なくとも好きではあります」と申し上げた理由がここにあります。

　その観点から、私は読む文章に**小見出し**や**太字**があるととてもありがたいと思っています。なぜならその見出しはおらくその文章を要約したものであり、太字はその文章において「ここだけ読めばわかるよ」というメッセージが込められた箇所です。**表面上は要約しているように見えませんが、じつは要約した結果を表現してくれている**ということだからです。

　繰り返しですが、私はすべてを読まなくてもその文章をおおむね理解するためにはどうしたら良いかを徹底的に考えています。書き手の方には申し訳ありませんが、場合によってはインターネットの記事や書籍なども小見出しと太字しか読まないことも多々あります。しかしそれだけでもおおよその内容は理解できます。
　裏を返せば、そのような編集がされていない文章はできる限り読まないようにしています。その理由はもちろん、貴重な時間が奪われるからです。

　もしよろしければ次のエクササイズにチャレンジしてみてください。要約するとはどういうことか、体験を通じて掴みます。ぜひ今後は先ほどの2つの図で表現されていることをヒントに、文章の要約を習慣にしてみてください。

> 💡 **エクササイズ**
>
> あなたがこれまで読んだビジネスメールなどの中で、次の条件に当てはまるものを探してください。
>
> 条件1：なんとなくわかりにくかった（読みづらかった）
> 条件2：小見出しや太字などがなかった
>
> そのメール文章を要約、つまりすべてを読まなくてもその文章をおおむね理解できる状態にしてください。

「SNSの文章」を読まない理由

　私ができる限り読まないようにしている文章がもうひとつあります。**前提がわからない文章**です。そのことをある具体例でお伝えします。少し長くなりますが、文章を読むという観点でとても大切なことなのでお付き合いください。

　昨年、ある議員がSNSで「高校生は三角関数よりも金融経済を学ぶべき」と発信したことで（悪い意味で）話題になってしまったことがあります。
　この議員の発言に、いわゆる数学ファンたちがSNS上で批判をしていたのです。じつはこのような事象はこれまで何度も起こっており、個人的には「またか……」という残念な気持ちでした。

　なぜ彼らがこのような発言にネガティブな反応をするかというと、彼らが三角関数なるものをちゃんと学び、その本質を理解し、そしてそれにたくさんの時間とコストと努力を費やしてきたからです（もちろんそれ自体は素晴らしいことだと思います）。
　ゆえに、「三角関数なんて勉強して意味あるの？」といった言説は彼らのこれまでの人生を否定することになってしまいます。「お前たちがやってき

たことは意味がないんだ」と言われていることと同義であり、自分がこれまで大事にしてきたものや信じてきたものを軽視されたことに対して怒っているのです。もちろんその気持ちは理解できます。

　しかしおそらくこの議員は「特定の職業ではなくすべての高校生がいろんな職業に就ける可能性を高めるためには」という文脈、あるいは前提で件の発信をしたのではと私は推察します。SNSで批判を続けた人たちに残念ながら少しだけ足りなかったのは、その発言の前提を理解してから「高校生は三角関数よりも金融経済を学ぶべき」に意味づけすることでした。

　趣味としての数学。
　エンジニアリングとしての数学。
　美しさとしての数学。
　経済を理解するための数学。
　人材育成としての数学。

　数学にはいろんな側面があります。数学をどのような定義のもと、どの角度から語るかによって表現したことへの意味づけも変わってきます。
　たとえば「エンジニアリングとしての数学」という前提であれば、三角関数が不要などとは誰も思わないでしょう。もちろんあの議員もそんな発信はしないはずです。しかし「人材育成としての数学」という前提であれば、三角関数を理解することより大事なものはたしかにあります（ちなみに私はまさにそこで教育者をしています）。
　「人材育成としての数学」という前提で語っている人の言葉を、「エンジニアリングとしての数学」という立場しか考えられない人が受け取ったら、それは共通認識がとれません。

　この事例が教えてくれることは、**前提が共有されていない文章をそのまま読んでもおそらく正しい理解はできない**ということです。誰かが書いた文章を読む際には、その人はどんな前提のもとその文章を書いたのかを把握するように努めてください。

たとえば本書のようなビジネス書も必ず読み手に知っておいて欲しい前提があり、それはたいてい「はじめに」などでしっかり説明があるはずです。もちろん本書においてもそのようにしたつもりです。

　ですから「はじめに」をしっかり読んで前提を理解してから本編を読み始めた方は、それほど違和感なくここまで読み進めることができたのではないでしょうか。しかしもし「はじめに」や第1章を読まずにこの第4章を読み始めてしまった読者がいたら、「数学的とタイトルについている本なのにちっとも数学の勉強ができないじゃないか！」などと思ってしまうかもしれません。

　もちろんこの考え方はビジネス書を読むときだけに当てはまるものではありません。たとえばビジネスメールを読む際でも、いきなり本題から始まっており「突然なんの話？」と思うような内容があったら、必ず確認をしたいものです。

　確認に使える具体的な例文を3つほど挙げておきます。

【目的の確認】
「申し訳ありませんが、いただいた内容は主要メンバー限定の情報共有を目的としているという認識でよろしいでしょうか」

【前提の確認】
「確認ですが、このメールで書かれていることは、当社にとっていまDX戦略がもっとも重要だという前提でしょうか」

【文脈の確認】
「理解不足で申し訳ありません。いただいた内容は教育や人材育成の文脈での話という理解で間違いないでしょうか」

　そういう意味で、あくまで私個人はSNSなどで誰かが発信している文章などはほとんど読む価値がないと思っています。なぜならその前提がなにか、どんな文脈でその主張をしているのか、その背景はなにか、といったこ

とが一切わからないからです。

たとえばSNSに誰かが「努力は必ず報われます‼」と投稿したとして、おそらくあなたはこの文章を正しく理解できません。

もちろん私自身もSNSを使って文章を発することはあります。もしご覧になったことのある方がいらしたら本当にありがとうございます。感謝しつつも大変申し訳ありませんが、私はSNSに限り、誰かに理解してもらおうと思って文章を書いていません。単なる独り言（時に自分自身の思考整理）のためのツールに過ぎないのです。理解してもらいたいことはこのような書籍やブログなどでしっかりした文章にして発しています。

もちろんSNSの使い方は人それぞれで自由であり、私の考えを強要するものではありません。しかし誰かに「わかってもらいたい」「伝わったらいいな」と思って綴っている文章が正しく理解されていないとするなら、それは少しばかり悲しいように思うのですがいかがでしょう。あなたの共感を求めるものではありません。ただ、自分とはまったく違う価値観の人に文章を読んでもらい、そして文章を理解してもらうとはどういうことなのかを考えるきっかけやヒントになれば幸いです。

3　数学的に書くとはどういうことか

文章は、読むように書けばいい

ではここからは私が文章を書く際にポイントにしていることを解説します。

ここでも私は「読む」と同様のスタンスをとります。つまり**本質は共通しており、かつシンプルであること。メールやSNSやブログなどなんらかあなたのビジネスに関連する場面においては、すべて同様の「書き方」で事足**

りること。これを前提に説明してまいります。

　すでにお伝えしたように、私はこれまで数え切れないほど「書く文章が読みやすい」と褒められました。どこかで文章の書き方を学んだことはありませんし、一般的な教育を受けただけのごく平凡な人間です。よってその要因になり得るものがあるとしたら、学生時代にとにかく数学の文章を読み続けてきたということ以外に考えられません。

　私は文章を数学的に読んでいます。したがって自ら書く文章も数学的に書いています。そして数学的に書くとは、数学的に読む際にしていたことを反映させて書く。ただそれだけです。具体的には次の4つです。

- **塊に分け、数学コトバで接続して書く**
- **無駄なコトバは使わないで書く**
- **前提があるならそれを本題の前に書く**
- **要約できるように書く（小見出しと太字を意図的に使う）**

　本書をここまで読んでくださったあなたなら、私の綴ってきた文章がこれらを反映したものであることは感じ取っていただけると思いますが、念のため簡単に説明しておきます。

【塊に分け、数学コトバで接続して書く】

　改行することで行間が開いている箇所がいくつもあったかと思いますが、これがまさに塊を意味します。そして必要な箇所は「まずは」「しかし」「たとえば」といった数学コトバを使い、次の塊に移った際に読みやすくしています。

【無駄なコトバは使わないで書く】

　すでにお伝えしたように、数学という文章にはゴールまで最短距離でたどり着くこと（無駄なコトバがひとつもないこと）という正義があります。つまり数学的な文章とは無駄なコトバは使わないで書かれた文章といえます。

本書においてはいくつか「余談」にあたるものを用意していますが、著者としてこれは無駄なもの（余計なもの）という意図で書いているわけではありません。余談と言いつつ、補足を要する場面や重要なメッセージを伝える意図であえて書いているものです。読んでくださったあなたにはそのように伝わっていれば嬉しいです。

【前提があるならそれを本題の前に書く】

　本書の「はじめに」などはまさにその役割です。また、本章の最初に私は数学とは文章であるとお伝えしています。これは本章を読み進めるにあたり前提となるメッセージであり、これが伝わっていない状態ではあなたは本章を理解することは不可能だと考えます。

【要約できるように書く（小見出しと太字を意図的に使う）】

　これは説明の必要はないでしょう。私の書いた文章を丁寧に、一字一句読んでくださっている方には心から感謝を伝えたいと思います。一方で、私は小見出しや太字だけを読んでいただければ大まかな内容は理解できるように文章を書いているつもりです。

　もちろん実際に読みやすいかどうかは個々の感じ方によるところが大きいものですので、ご評価はお任せすることになります。

┃ あなたの文章を数学的に変える４つのステップ

　文章は読むように書けばいい。これが私の主張であることは揺るぎません。しかしどうやらこのメッセージだけで誰もが文章をスラスラ書けるようになるわけではないようです。

　実際、私の周囲には「読むことはできるけれど書くことが苦手」とおっしゃる方がたくさんいます。メールを読むことはできるけれど書くことは苦手。本を読むことはできるけれど本を書くなんて自分にはとても無理。みなさんそうおっしゃるのです。

そこでこの「書けない」ことの理由を私なりに考えてみました。結果、次の３つのいずれかに当てはまるというのが私の結論になりました。

①そもそもペンが持てない、あるいはタイピングできない
②書くのがめんどうくさい、忙しくてその時間がない
③自分が書きたい内容を自分自身が理解できていない

まず①は仕方がありません。書くことでたくさんコミュニケーションをしたい方が、やむを得ない事情でそれができないとしたら、その気持ちがどれほど辛いものかは私には想像できません。②についても私としても残念ながらお伝えできることはありません。しかし③に関してはヒントを提供できる可能性があります。なぜなら、これは**構造化できるかどうかが問題**だからです。

物事を理解するためには構造化が必要なのはすでにお伝えしたとおりです。もしあなたが文章を書けるはずなのに書けないとしたら、その理由は③しかありません。文章を読むことと同じく、文章を書くというテーマにおいてもやはり構造化が極めて重要なポイントになるのです。

構造化についてはとにかく優れた教材を使ってトレーニングをしてください、というのが教育者としての最初のメッセージにならざるを得ません。私もいくつか教材になり得るものを書籍として用意しておりますのでぜひ参考にしていただきたいと思います。

しかしそれだけでは文章を書くというテーマにおいてすぐに実践することが何もないことになってしまいます。そこで私が実践しているテクニックをひとつご紹介することにします。とても簡単で誰でもできることであり、私が本章において「書く」よりも「読む」を先に題材にしたことの最大の理由がこのテクニックの存在です。

数学のような文章を書くための秘訣は、まず文章を書き、それを数学のように読んで校正することです。究極までシンプルにしてお伝えするなら、**書**

いたあとに必ず読むのです。具体的には次の4つのステップを実践するだけです。

STEP1 まずは自分が書きたいように文章を書いてみる
STEP2 その文章を数学のように読み、編集する
STEP3 読み手の気持ちになって通読する
STEP4 読み手が理解できないと思われる箇所を再編集する

編集は具体的には次の4つを重視
・塊に分け、数学コトバで接続して書く
・無駄なコトバは使わないで書く
・前提があるならそれを本題の前に書く
・要約できるように書く（小見出しと太字を意図的に使う）

もちろんSTEP1ですでに理路整然とした、一切の無駄がない文章になっていればそれに越したことはありません。しかしそうでないケースも多々あるのではないでしょうか。

そこで次のSTEP2として、すでに本章でご紹介した文章の読み方をし、必要であれば塊に分けたり、数学コトバを使ったり、要約した内容を小見出しや太字でアレンジしたりするのです。これを実践するだけで、あなたの文章は必ず数学のような理路整然とした、一切の無駄がない文章に近づきます。

続いてSTEP3。忙しいときには煩わしさを感じるかもしれませんが、できれば**一度その文章を読み手の気持ちになって**通読してください。プライベートでのカジュアルなやりとりならまだしも、それがビジネス文章だとしたら相手が理解してナンボです。

ここでよく登場するのが「どうすれば読み手の気持ちになれますか？」という質問です。当然といえば当然の質問ですが、一方で答えることが極めて

難しい質問でもあります。「読み手のことを頑張って想像する」としか言いようがないとも思いますが、私自身がひとつ意識して行っていることがあります。それは、**「読み手の体調が悪いときでも読める内容か」**という視点です。

風邪をひいて38度の発熱をしている。昨晩飲みすぎて二日酔い。肩こりがひどく頭がボーッとする。設定はなんでもいいので、とにかくその読み手がとてもしんどい状態を想定します。"そんな状態のあの人"でも最後まで読み、内容が理解できるかどうかという視点で文章を確認していきます。

読み手のしんどい状態を想像すると、不思議と自分自身もしんどい状態になった気分になります（これは私だけでしょうか）。しんどい状態ですから、そもそも他人の書いた文章など読みたくありません。しかしそれでも読もうとする文章とはなにか……。これが読み手の気持ちになるということだと思います。

最後に必要であればSTEP4に進みます。**再編集とはSTEP2に戻ることであり、自分が納得できる状態になるまで繰り返すことが理想**です。

こうして私は本書の原稿のほか、これまで過去30冊にのぼる著作、そのほかブログやWEBメディアの記事などを（すべてこの方法で）書いてきました。

もちろん文章の書き方やスタイルなど人それぞれで構わないし、この方法論が誰にでもフィットするものだとは思いません。

しかし実践してきた結果、「読みやすい」「わかりやすい」と多くのフィードバックをいただいたことだけは事実です。ならばこの方法論は誰かの役に立つ可能性があるのではとも思います。

もし少しでも興味をお持ちの方は、次のエクササイズに挑戦してみてはいかがでしょうか。やってみることで、見える景色が必ずあります。

エクササイズ

この1年間を振り返り、どんな1年だったかを文章にしてみてください。もしよろしければ先ほどご紹介した4つのステップを試してみま

しょう。

STEP1 まずは自分が書きたいように文章を書いてみる
STEP2 その文章を数学のように読み、編集する
STEP3 読み手の気持ちになって通読する
STEP4 読み手が理解できないと思われる箇所を再編集する

編集は具体的には次の4つを重視
・塊に分け、数学コトバで接続して書く
・無駄なコトバは使わないで書く
・前提があるならそれを本題の前に書く
・要約できるように書く（小見出しと太字を意図的に使う）

そしてもし可能でしたら、STEP1の文章とSTEP4で完成した文章をそれぞれどなたかに読んでもらい、次のことを確認してください。

・どちらのほうが読みやすかったか（わかりやすかったか）
・どちらのほうが読む時間が短かったか

　もしSTEP4で完成した文章のほうが読みやすかった、そして短い時間で読めたというフィードバックをもらえたなら、その文章は数学のような文章に変わったということの証です。それがあなたにとって良いことなのであれば、今後は文章を書く際にはこのエクササイズと同様のことをやってみてください。

AIに手伝ってもらう時代

　「AI（Artificial Intelligence：人工知能）に仕事を奪われる」という論調が生まれて久しいですが、私は奪われるという表現がどうもしっくりきませ

ん。奪われるのではなく任せられるという解釈が自然ではないでしょうか。

　たとえば昨今は飲食店においても店員を介さずアプリや端末を使ってオーダーをすることが増えましたが、はたしてこれは店員が仕事を奪われたのでしょうか。私は店員がやっていたことが奪われたのではなく、機械に任せられるようになったと考えます。AIもこれと本質的には同じではないでしょうか。

　文章を書くということもAIに任せられる時代がやってきました。本音を言えば、人間がすべて自分で書けることが一番良いというのが私自身の価値観です。しかしどうしても自分で書くことが苦手な人や短時間で効率的に仕事をこなしたい人にとっては、AIに任せられるものがあるなら任せても良いのではと思います。

　もちろん任せる以上は、AIが書く文章は質の高いものでなければいけません。実際、**AIが綴る文章は、私から見て十分に合格点を与えられ、読みやすいと思う文章（つまり書き手としての理想）である**と言っても過言ではありません。

　たとえば生成AIの代表格でもあるChatGPTは人間のような自然な会話ができるAIチャットサービスですが、これは言語処理モデルでありAI自体が考えているわけではありません。専門的な解説はその分野のプロの方にお譲りしますが、ChatGPTは世界中にある膨大なデータを使って学習し、その結果を踏まえ、あるコトバと確率的に高いコトバをつなげて文章を表現しています。ですからいわゆる平均的な、これまでどこかで読んだことのあるようなパターンで、模範的な文章になって返ってくるのです。

　前提の説明はこれくらいにして、ここからは具体的に**ChatGPTを使うことで文章を書くことを劇的にラクにする方法**をいくつかご紹介することにします。ぜひ優秀な相棒として活用してください。

● 箇条書きで情報を用意し、文章化させる

　文章とはなんらかの関係性がある複数の塊で構成されています。というこ

とは文章をつくるChatGPTにしてみれば、「複数の塊」さえ示してくれれば、美しい（それらしい）文章を作成することはさほど難しいことではないはずです。

　たとえば上司に対する報告文章などを作成したいとき、必要な要素を箇条書きで用意してChatGPTに指示をすれば、これらを使った報告文章を作成してくれます。

あなたは小売業を営む会社に勤務する若手ビジネスパーソンです。
先週の営業実績を上司に報告するための文章を作成してください。
必要な要素は #要素 に箇条書きされた4つです。

#要素
・先週の営業利益率23%
・前週比が104%
・新製品のAが好調な推移を見せた
・売上が停滞していた製品Bの販売を終了した

　実際の結果は次のとおりです。もちろんChatGPTは完璧ではありませんから、この内容をベースに人間が手直しをする必要はあるでしょう。たとえば上司向けの文章だとするなら、冒頭の「お世話になっております」には違和感があるかもしれません。

　ただし、この手法はある意味で「余計なものを肉付けしている」ともいえます。要約した内容が前述の箇条書きなのであれば、本来はそれだけを報告すれば良いはずです。できるだけ無駄なコトバがないように、数学のような文章を目指しましょう。

件名: 先週の営業実績報告

お世話になっております、[あなたの名前]です。先週の営業実績につい
て、以下の通り報告申し上げます。

1. 営業利益率の向上
   先週の営業利益率は**23%**となりました。これは前週比で**104%**の向上を
   達成しました。我々の努力とお客様からのご支援により、利益率の向上
   を実現できました。
2. 新製品Aの好調な推移
   新しく導入した製品Aは、好調な推移を見せております。お客様からの
   反応も非常に良く、売上げへの寄与が期待できる製品となっておりま
   す。今後も引き続き、製品Aの販売拡大に努めてまいります。
3. 製品Bの販売終了に伴う戦略転換
   売上が停滞していた製品Bに関して、戦略的な判断を行いました。製品
   Bの販売を終了し、そのリソースを他の製品へ集中することで、より効
   果的な結果を得ることができると判断しました。この判断により、組織
   全体の効率向上を図ってまいります。

以上の報告となります。ご不明点やご質問等がございましたら、どうぞ
お気軽にお知らせください。引き続き精進してまいりますので、何卒よ
ろしくお願い申し上げます。

● 下書きをさせる

　先ほどの事例は、見方によっては「下書きを書いてもらう」という解釈が
できるかもしれません。そういう意味で、ChatGPTに適切な指示をして下
書きを作成してもらうことは有効でしょう。

　たとえば次のような指示をしてみます。

> 一般的なビジネス文章であることを前提とします。
> 「ミーティングの招集」を目的としたメール文章の下書きを作成してく
> ださい。
> 必要な要素が箇条書きになっているとありがたいです。

　実際の結果は次のとおりです。たとえば「出席の可否を連絡する締切日」
などは意外に大事なことですが、つい忘れてしまう要素だと個人的には思い

ました。

やはりまずはChatGPTに「型」を示してもらうことは有効ではないでしょうか。

ちなみに「RSVP」という表記がありますが、これはフランス語の「Répondez s'il vous plat.」の略で、「ご返答お願いいたします」という意味だそうです。

件名: 会議招集に関するご案内

拝啓、[受取人の名前] 様、

お世話になっております。[あなたの名前] と申します。突然のご連絡となりますが、新たな展開に向けた重要な打ち合わせを行うため、下記の通り会議を招集させていただきたく、ご連絡差し上げます。

日時: [会議日] [会議開始時刻] ～ [会議終了時刻]
場所: [会議場所]

以下、会議の目的と議題についてご案内申し上げます。

1. 目的:
   * [会議の目的や背景の説明]
2. 議題:
   *
   *
   * [必要な分だけ議題を追加]
3. 準備事項:
   * [参加者への準備事項や持ち物の指示]

ご多用中のところ恐縮ですが、是非ともご出席いただき、貴重なご意見を賜りますようお願い申し上げます。何かご質問やご要望がございましたら、遠慮なくご連絡ください。

お手数をおかけしますが、出席の可否を [連絡先] まで [RSVP締切日] までにお知らせいただきますようお願い申し上げます。

●校正してもらう（わかりやすくしてもらう）

繰り返しですが、ChatGPTはいわゆる平均的な、これまでどこかで読んだことのあるようなパターンで、模範的な文章を作成してくれます。ということは、もしあなたの作成した文章のどこかに平均的でない箇所があったら、ChatGPTがそれに気づいて修正することはさほど難しいことではない

はずです。

　たとえばあえて私らしくない文章を用意し、もう少し読みやすい文章にするためにChatGPTに指示をしてみました。

次の #文章 をもっと読みやすい文章にしてください。ただし #条件 があります。

#条件
・タイトルを「機械式の腕時計が好きだ」にする
・改行を使って3つ以上の塊に分ける
・さらに可能なら要約し、箇条書きのようなスッキリした見栄えにする
・中学生でも読めるような文章にする

#文章
機械式の腕時計が好きだ。街中を歩いていてもつい人の腕を見て「この人はどんな時計をしているかな」と見てしまう。あるファッションの専門家曰く、「している時計を見ればその人がわかる」のだそうです。その人の価値観が反映されているからだと私は勝手に思っている。別に高額な時計がいい時計だとは思わないが、でもやはり高額な時計には高額である理由がちゃんとある。話し始めると長くなるが、職人がとてつもない時間と労力をかけて機械の精度を高めてきた。そもそも電池なしで精密機械のように狂わずに動くということがどれほどすごいことかをもっと多くの人に知ってほしい。もちろんブランドの歴史やファッション性なども魅力だ。いつからこんなに機械式の腕時計が好きになってしまったかは定かではないが、とにかく魅力を感じる対象であり、気づけばネット検索などで画像を眺めたり、時間を見つけてはショップに足を運び、まるで美術館あるいは博物館で展示物を眺めるかのように楽しんでいる。次は50歳になる年になにか記念となる1本を購入したいと目論んでいる。

実際の結果は次のとおりです。実に読みやすくなったのではないでしょう

か。ただ、要素の分け方に少しこちらの意図と違うものがあります。たとえば「ネット検索やショップ巡りで美術館のような楽しみを感じる」という項目がありますが、これが「3. ブランドとファッション性」という大項目の中に入っているのは個人的に違和感があります。

タイトル: 機械式の腕時計が好きだ

1. **腕時計の魅力**
   * 街で人々の腕時計を見てしまう楽しさ
   * 時計から人の価値観がわかるというファッションの専門家の言葉
2. **高額時計の魅力**
   * 高額な時計にはちゃんとした理由がある
   * 職人たちの努力によって高い精度が実現
   * 電池なしで正確に動くことの驚異
3. **ブランドとファッション性**
   * ブランドの歴史やファッション性も魅力の一部
   * 機械式腕時計の魅力にどのように惹かれたか不明だが、楽しんでいる
   * ネット検索やショップ巡りで美術館のような楽しみを感じる
4. **将来の目標**
   * 50歳になる時に特別な時計を購入したいとの目論見

そのような点を調整し、列挙されたものを塊と捉え、少しばかり"人格"も反映させて、次のような文章を「完成版」とすることにします。いかがでしょうか。最初の状態よりもはるかに読みやすい文章になったはずです。

タイトル: 機械式の腕時計が好きだ

自分の好きなものを語ることは無条件に楽しいもの。私の場合、それは「機械式の腕時計」である。

まず私にとっての腕時計の魅力について。腕時計からその人の価値観がわかるというファッションの専門家の言葉にしっくりきている。ゆえに街で人々の腕時計を見ることに楽しさを覚えてしまう。もしかしたら時計よりも人が好きなのかもしれない。

加えて、いまはネット検索やショップ巡りを美術館のように捉えて楽しんでいる。アートや芸術はよくわからないが、腕時計ならいつまでも眺めていられる不思議。

高額時計はさらに魅力的だ。ブランドの歴史やファッション性はもちろんのこと、職人たちの努力によって高い精度が実現していることが最大の魅力。そもそも電池なしで正確に動くこと自体が驚異ではないか。

少し先の目標として、50歳になる時に特別な腕時計を購入したい。人生の後半を一緒に過ごす相棒を探す旅を、しばらく楽しみたいと思っている。

AI時代に文章を書くことについて

じつは以前、友人と次のテーマで対話をしたことがあります。

「いずれ、本当にAIが"完璧な文章"を書く時代が来るかもしれない。もちろんそんなことはありえないかもしれない。どうなるかいまはわからない。でも仮にそのような世界になったとしたら、もはや文章はぜんぶAIに書いてもらえば良いのではないか？」

個人的には重要な問いだなと思いました。そんなことが実現できるのかどうかという論点ではありません。仮にそんなことが実現できたとして、そのとき人間はどんな選択をするのかという論点です。あなたはどのように思われるでしょうか。私個人の考えをお伝えしておきます。

その文章にあなたの人格は必要か。

この問いの答えが「YES」であれば、やはり自分で書いたほうが良いと

考えます。もちろんそれは不完全な文章かもしれません。句読点の使い方を間違えていたり、本来なら不要なコトバが使われていたり、構造化されていない、読みにくい文章かもしれません。

　しかしその文章には確実に書き手の人格が表現されています。直筆の手紙をもらったような感覚かもしれません。数学コトバも大事ですが、自分にしかない経験や感性から生まれるコトバも大事ではないでしょうか。

　逆にビジネス文書などはあなたの人格などは重要ではなく、伝えるべき事実や見解を、わかりやすく、誰でも同じように理解できるような文章にしなければなりません。そんな文章が求められる場面では、数学コトバが主役で良いのでしょう。あくまで私個人の考えです。

　私たち人間は生きている限り、必ず誰かとのコミュニケーションが必要になります。あなたはこの先、文章というものをどのようなコトバを使い、どのように書きますか。本章の内容がそんなことを考えるきっかけになれば嬉しいです。

▌東洋経済新報社・近藤氏へのメール文章

　最後に、私が本章の内容を大いに活用して書いた文章の例を原文そのままでご紹介しておきます。

　本書の制作においてお世話になった東洋経済新報社の担当編集者・近藤彩斗氏へのメール文章です。初回の打ち合わせが終わったあとに、私の認識を整理し共有することを目的に作成した文章です。複数の塊に分け、無駄なコトバは使わず、本題の前にこの文章の前提や目的を書き、小見出しだけを追えばおおむね何がどのような順序で書かれているか掴めるようにしました。

東洋経済新報社　近藤様

お世話になります。

深沢でございます。

先日はお打ち合わせをありがとうございました。
楽しく情報交換ができたと思います。
あらためて、ご指導のほどよろしくお願い申し上げます。

先日の内容も踏まえ、私のイメージを言語化したものを共有いたします。
これで確定ということではございません。
執筆スタートに向けての大枠FIXを目的とします。
いくつかコメントいたします。

【第1章】

本書の全体像や目指すものを解説します。
定義・分解・比較・構造化・モデル化という5つの動作が本書全般の
ベースになり、随所でこれらの単語が登場することになります。

【第2章・3章】

いわゆる思考法の解説。
問題解決、仮説構築、課題発見、データ分析、数値化、フェルミ推定、
…
といったおなじみビジネス数学ど真ん中の内容になると思われます。
（このあたりの内容を期待する読者も多いのでは）

【第4章】

私の書籍では述べてこなかったテーマであり、そういう意味では
「NEW」な内容です。
「数学とは言葉を使う学問」という思想に基づけば、読み書きも当然な
がら数学的なものになります。
少し意外性のある章なのかもしれません。

【第5章】

最新刊「数学的話し方トレーニング」の内容がほとんどを占めるでしょう。

とくに定義、構造化、といったキーワードが重視されます。

「頭のいい人の話し方」というコンセプトで楽しく読んでもらいたい章です。

【第6章】

ビジネス人が意外に悩む機会が多いのが資料作成や見せ方です。

数字やグラフの見せ方の基本や、私がプロの研修講師として実践している視覚的なコツなどをご紹介。

真新しさはありませんが、すぐに実践できる内容だと思います。

【おわりに】

分量的にも少なく、章にするか悩みました。

「生きる」という内容的に他とは大きく異なる色になるので、あとがきに近いようなものにしてはどうかと思いました。

（喩えるならここまで極めて実践的なセミナーに参加していたのにいきなり自己啓発セミナーになってしまった感がある）

くどくならないようさらりとまとめ、読者を気持ちよく送り出す役割くらいでちょうど良いようにも。

このあたりは実際の内容をみてご判断いただいて良いかと思います。

【確認事項1】

時代的に「AI」というキーワードは要所では欲しいと思います。

一方で本書は機械の本ではなく人間のリテラシーを指南する本なので、サラリと時代背景や未来の展望について触れる程度としたく思います。

（私自身もAIは専門外ですので）

【確認事項2】

本書は私のこれまでの集大成ということなので、当然ながら過去の著作

で語ってきたことがかなり入ります。

随所で「詳しくは私の著書＊＊＊＊＊を参考にしてください」的な案内をすることになりそうですが問題ございませんか。

以上でございます。

お気づきの点やご心配なことがあれば遠慮なくご指摘いただけますと幸いです。

よろしくお願い申し上げます。

　本書はまったく違う価値観のビジネスパーソンどうしがこのように文章でコミュニケーションを図り、それが円滑だったからこそ誕生した成果物でもあります。あなたもぜひ文章で円滑なコミュニケーションを図り、ご自身が求める成果を手にしてください。

第**5**章

数学的に
話す

話すこと ＝ 書くこと ＝ 数学すること

"時代"が話す機会を奪っている

　本章では「数学的に話す」という提案をします。おそらくあなたにとって初めて知る概念ではないでしょうか。表現としては少しばかり風変わりなものかもしれませんが、その内容はビジネスコミュニケーションの"ど真ん中"です。**成果を出しているビジネスパーソンはみんなこの話し方ができている**。そう思っていただいて間違いありません。ぜひ最後まで楽しんでいただければ幸いです。

　ではまず時代背景からお話をさせてください。
　話し方にコンプレックスを持っている人が多いと聞きます。現代はメッセージアプリなどで絵文字やイラストなどを使い、直接話すことなくコミュニケーションができるようになりました。また若者の間では一度も直接会ったことのない二人（もちろん話したことのない二人）がカップルとしてお付き合いすることも珍しくないと聞きます。一言で言えば"時代"ということなのかもしれませんが、私が生まれたおよそ50年前とは比較にならないほどの大きな変化が起こっているといえます。

　しかしその"時代"は便利で楽しい反面、私たち人間から「話す」という行為の機会を奪っているともいえます。私たちは少しずつ、人と会って話すことが下手になってきているのではないでしょうか。

　実際、それは私が企業研修やセミナーなどでさまざまな業界、階層のビジネスパーソンを見て痛感しています。典型的なのはオンラインで開催されるセミナーでしょうか。研修やセミナーも彼らにとっては業務の一部であり、成果を求められる場のはずです。
　しかしコミュニケーションが必要な場なのにもかかわらず、自分の顔を見

せて参加しない人の多さに驚きます。積極的な発言は皆無。こちらから指名しても発言を嫌がる素振りが目立ちます。総論としては、できるだけ自分が話す機会を避けたいようです。つまり視覚的なものや音声的なものをすべて含めて、彼らは**コミュニケーションを放棄した状態でビジネスの場に参加している**のです。

　この例に象徴されるように、話すという行為の機会は確実に減っており、それゆえ多くの人が苦手意識を持ってしまうビジネススキルであることは間違いありません。近年、このテーマのビジネスジャンル本でベストセラーが頻繁に誕生していることとも無関係ではないでしょう。

┃ 恥をかく可能性が極めて高い行為

　そこで私は実際に話し方で悩んでいる人に、具体的なコンプレックスの内容を尋ねてみました。具体的には次のようなものが多いようです。

　①緊張してどうしても早口になってしまう
　②声や滑舌が自分の理想と異なっている
　③話が伝わっていない（自分でも何を言っているかわからない）

　じつは**この3つに共通するのが「恥ずかしい」という感情**です。緊張していると思われるのが恥ずかしい。変な声や滑舌だと思われるのが恥ずかしい。「この人ちょっと何言っているかわからない」と思われるのが恥ずかしい。話すとは、私たちにとって恥をかく可能性が極めて高い行為なのです。
　とくにオンライン環境でのコミュニケーションを想像してみましょう。誰かが話をする際はその場にいる全員がその話を黙って聞くことになります。そんな状況で話をすることに大きなプレッシャーを感じる人もいるでしょう。コミュニケーションを放棄したくなる人の気持ちも理解できます。

　私は①は生理的なもの、②は身体的なものと整理しています。

私も大勢の前に立って講演をするときやカメラがまわった状態のときなどは平静を装いますが、じつは少しばかり緊張しています。緊張することはむしろ人間として自然なことと考えてはいかがでしょうか。

　声や滑舌の問題。ある程度は生まれ持ったものがあり、100％の理想を実現することは難しいかもしれません。しかしボイストレーナーなどプロのレッスンを受けることで改善できることもあると聞きます。本当に深刻な場合は試してみてはいかがでしょうか。

　残念ながら私はこの2つについては具体的な解決策を提示することはできません。しかし③だけは技術的なものです。このような悩みを持つ人に、私は誰でもすぐに活用できる技術をご紹介することができます。その理由をこのあとすぐに説明いたします。

▎深沢真太郎の話し方

　私は学生時代（つまり私の人間としての基礎が固まる時代）に数学に夢中になりました。私がする動作にはすべて数学が反映されていると自信を持って断言できます。つまり私の話し方は、**「数学的な話し方」**と表現できます。

　ここで重要なのは、前章でお伝えしたように私が書いた文章は「とても読みやすい」とお褒めいただくことが多くあるという事実です。読みやすい文章を書くことは数学そのものです。

　加えて私はこれまで10年以上にわたり、「わかりにくいものをわかりやすく説明する」ことで評価されてきたプロの研修講師です。指導の現場はもちろん、メディアのインタビューなどにおいても、話すことで相手に理解や納得を提供する機会をたくさん経験してきました。おかげさまで「深沢さんの説明はとにかくわかりやすい」とご評価をいただき現在に至ります。ありがたいことです。

書いた文章が読みやすい（数学的な文章）

話がわかりやすい（数学的な話し方）

　じつはこの２つは共存します。つまり数学的に書ける人なら、数学的に話すこともできるのです。なぜなら、**話すことと書くことは本質的には同じであり、大切なことは共通している**からです。

　話すことも書くことも、相手に理解してほしいことを伝える行為です。私の経験上、ちょっと何を言っているかわからない話ばかりする人からのお手紙やメールは、大変失礼ながら支離滅裂なものばかりでした。逆に読みやすく美しい文章を書いてくださる人は、お会いして話してみてもやはりわかりやすい話をしてくださいます。その人の文章は話し方を表現し、その逆もまた真なのです。

　ここまでを整理すると、次のような論理が成り立ちます。

　話すこと ＝ 書くこと ＝ 数学そのもの

　私にとって人前で話すという行為は、文章を書く行為と同じであり、数学をしていることと同じなのです。

話し方で勝負が決まってしまう

　ここで重要なのは、**話すことと書くことは「本質的には同じ」であり、「まったく同じ」ではない**ということです。私が申し上げた「同じ」とはあくまで理屈の話であり、現実の世界においてはやはり違う点もあります。

　たとえば文章を書く際はじっくり考えて言葉を紡ぐことができますが、話をしなければならない場面ではそうはいきません。相手の質問に対してすぐにその場で答えなければなりません。書くことは「じっくり」や「一晩寝かせる」が許されますが、話すことは「その場で考えて素早く」が原則でしょう。ここは大きな違いといえます。

さらに、話すことは書くことよりも重要度が高いと考えられます。その理由は次の2つです。

・**機会が多い**
・**成果に直結する**

　いくら私たちの話す機会が減っているとはいえ、ごく一般的なビジネスパーソンなら文章を書くことよりも誰かと話す機会のほうが圧倒的に多いはずです。

　また、成果に直結するような商談やプレゼンテーションの場面こそ、話すという行為の質が重要になります。私はこれまで一言も話すことなく商談やプレゼンテーションが成功したという事例を聞いたことがありません。そして他でもない私自身、これまで一言も話すことなく研修やセミナーを実施したという例はひとつもありません。

　話すという行為は仕事の重要度が上がるほど必要になってくるものであり、決して大袈裟ではなく、ビジネスは話し方で勝負が決まってしまうのです。

　そういう意味で、現実は**書くことよりも話すことのほうが難易度も重要度も高い**といえます。だからこそ多くのビジネスパーソンが悩むのでしょう。

　そこで本章は話すことと書くことは本質的には同じという原則はそのままに、話すことでメッセージを伝える際に留意することや、相手にしっかりと伝わる話し方になるためのちょっとしたコツをご紹介することにいたします。

ビジネスコミュニケーションにおける3つの「ない」

　先ほどご紹介した話し方に対する3つのコンプレックスのうち、本書の守備範囲は「③　話が伝わっていない」です。じつはこの悩みをもう少し細分化すると次のようになります。私はこれをビジネスコミュニケーションにお

ける３つの「ない」と表現しています。

①**最後まで聞いてもらえない**
②**理解してもらえない**
③**納得してもらえない**

なぜ３つに分類しているかというと、解決策がそれぞれ違うからです。

【①最後まで聞いてもらえない】

　まず相手が理解しているか納得できているか以前に、最後まで話を聞いてもらえないという問題があります。

　聞き手にとって要するに何が言いたいのかわからない、あるいは途中で確認したいことが生まれてしまった、などが主な理由になります。典型的なサインは途中で話を遮られてしまう、あるいは途中から明らかに話を聞いていない態度をとられる、などでしょうか。解決策は当然、最後まで聞いてもらうための技術ということになります。

【②理解してもらえない】

　しかし最後まで聞いてもらえたとしても、相手が理解できていなければ意味がありません。相手があなたの話を理解できなかった場合の典型的なサインは「つまりどういうこと？」や「もう一度説明してくれない？」といったフィードバックです。これらのリアクションをされる経験が何度かあるとしたら、あなたの課題はここにあるということになります。解決策は、わかりやすく伝える技術となります。

【③納得してもらえない】

　相手が理解することと納得することは違います。たとえばビジネスシーンにおいても「君の言いたいことはわかるが、結論としてはNOだ」といった類の会話は数多くあります。これはまさに理解はしたけれどその内容を受け入れることはできない、つまり納得はできないということに他なりません。

　ですからもし相手に納得してもらいたい場面ならば、理解してもらう伝え

方だけでは足りません。典型的なサインは「なぜ？」「根拠は？」「本当に？」といったリアクションです。解決策は、納得感を演出する技術となります。

　以上の3つがビジネスコミュニケーションにおける3つの「ない」です。もしあなたに解決したい悩みがあるとしたら、この3つのうちどれでしょうか。

　そしてじつは**これらの解決策に、定義・分解・比較・構造化・モデル化という5つの数学的な動作が関係してきます。**①については定義、②については分解と構造化、③については比較とモデル化です。

　数学的な動作を使った「数学的な話し方」とはいったいなにか。私が研修・講演・取材などの場で頻繁に使っているテクニックを次項からたっぷりご紹介してまいります。

悩み	相手からのサイン	解決策 （数学的な動作）
最後まで 聞いてもらえない	途中で話を遮られてしまう、あるいは途中から明らかに話を聞いていない態度をとられる	定義
理解してもらえない	「つまりどういうこと？」や「もう一度説明してくれない？」といったフィードバック	分解・構造化
納得してもらえない	「なぜ？」「根拠は？」「本当に？」といったリアクション	比較・モデル化

2　成果を出す人は5つの動作で話す

▌定義　〜最後まで聞ける話の秘密〜

　最後まで話を聞いてもらうために何よりも大切なのは、話す内容が簡潔で短いことです。「そんな当たり前のことはわかっている」とご指摘を受けるかもしれません。でも、その当たり前のことが実際はなかなか難しいもので

はないでしょうか。

　「多くのコトバで少しを語るのではなく、少しのコトバで多くを語りなさい」

　数学者・ピタゴラスによる名言であり、私がとても大切にしている（大好きな）考え方です。あまりに大切に思いすぎて、私が企業研修などの現場でもっとも多く引用してビジネスパーソンに届けている名言となってしまいました。
　なぜ私がこの考え方を大切に思っているかは、前章を読んでいただければ自然に伝わることでしょう。いかに短い文章を相手に届けるかは、いかに短い内容で相手に話すかと同義です。現代のビジネスコミュニケーションにもっとも大切なことを古代の数学者が教えてくれている。そう考えると、私の提唱しているビジネス数学教育は古代からすでに存在していたのかもしれません。
　ではピタゴラスによるメッセージが最重要であるという前提で、次に重要なことをここから説明します。

　繰り返しですが、私は研修講師や専門家として人前に立って話をしたり、インタビューなどの取材対応をすることがたくさんあります。何を申し上げたいかというと、最後まで話を聞いてもらわなければ仕事にならない環境で戦ってきたということです。その現場経験から、「あること」をすると最後まで話を聞いてもらえるようになることに気づきました。そのあることとは、冒頭で**聞き手のつもりをコントロールする**ということです。

●話にかかる時間を冒頭で伝える
　もっともわかりやすいのが**所要時間**です。たとえばあなたの話を聞いた相手から「話が長いな」といった具体的な言葉や、それを感じさせる態度があったとします。なぜ相手はそのような反応をするかというと、あなたが話す時間が相手の想定より長いからです。
　誤解していただきたくないのですが、私はなんでも短時間で話すべきだと

申し上げているのではありません。10分かかるものはかかるし、1時間かかるものはかかるのです。それ自体が問題なのではありません。どうしても10分間は聞いてもらう必要があるのなら、話をし始める前に聞き手にその・・・つもりになってもらう必要があるということです。私であればそのような状況において、あえて次のように冒頭で伝えます。

「いまからだいたい15分ほどお時間をいただき、ご説明いたします」

この前置きがあると、聞き手はそのつもりになって聞いてくれます。そして私は10分程度で終える話をします。すると聞き手は「思ったより簡潔に説明してくれた（いいね！）」と思うのです。このひと仕事があるだけで、同じ10分間かかる話をしても聞き手の印象がまったく違います。

そもそも話が長い（短い）というのは個人の主観に過ぎません。絶対的なものではないとするなら、簡単にコントロールができるということになります。誰でもすぐに使えるテクニックといえるでしょう。

この考え方を応用するなら、話の冒頭に聞き手のつもりをコントロールする方法は他にもあります。

●話の構成を冒頭で伝える

所要時間は曖昧にしておきたいという場合は、話の構成を伝えるというテクニックもあります。典型的な伝え方の例は次のとおりです。

「いまから根拠を3つ、信頼性の高いものから順番に申し上げます」

「まず前提、次に現状分析、最後に結論、この順番で説明します」

「このプレゼンテーションの流れですが、まずは我々の紹介、続いて御社へのご提案、最後に他社事例、となります」

　冒頭で「根拠を3つ」と伝えれば、聞き手は3つの根拠を聞くつもりになってくれます。話の構成が先にわかっているので、聞き手はいま1つ目、2つ目、と終了までの筋道がイメージできます。その話のゴールがわかっているので、話が長いと感じにくくなるのです。他の例もロジックとしてはすべて同じです。

　そもそも聞き手はあなたの話を一字一句すべて聞いて覚えることはできません。そこで冒頭でその話に登場するキーワードを先に伝えてしまうのも効果的です。

　「いまからの話にはキーワードが2つあります。"差別化"と"伝統"です。この2つが登場した際は、重要なことをお伝えしていると思っていただけると幸いです」

　たとえば冒頭でこのように伝えておくと、聞き手はそのキーワードに注意しながら（場合によっては心待ちにしながら）話を聞くことになります。あなたの話を聞くための簡単な動機づけができ、聞き手の集中力が続きやすくなります。結果、話が長いと感じにくくなるのです。

●聞くためのスタンスを冒頭で伝える

　人の話を聞く際にスタンスというものがあります。たとえば「しっかり聞く」「サラッと聞く」「楽しんで聞く」といったことです。本題に入る前にその話を聞くスタンスを共有することも効果的です。典型的な例としては次のとおりです。

第5章
数学的に話す

「いまからの話はみなさんが職場に戻って部下にそのまま共有していただく内容になります。ですからしっかり聞いて、必要であればメモもとっておいてください」

「本日はカジュアルな情報交換の場です。リラックスした状態で、サラリと聞いていただければ問題ありません」

「このエピソードは私の失敗談も含まれます。どうか楽しんで聞いてください」

冒頭でその話を聞くためのスタンスがわかれば、聞き手はそのとおりのスタンスであなたの話を聞くことができます。スタンスどおりの話が展開されれば、聞き手もあまりストレスを感じることはないのではないでしょうか。

一般論ですが、人間にとってストレスを感じる時間は長く感じるものです。満員の通勤電車に乗っている30分間はとても長く感じますが、大好きなアーティストのライブに参加したときの30分間はあっという間です。繰り返しですが、話が長い（短い）というのは個人の主観に過ぎないのです。

このように話の冒頭に聞き手のつもりをコントロールすることを、私は「**場の定義**」と呼んでいます。第1章でお伝えした、定義という動作の説明を思い出しましょう。

> 定義とは「Aとは〜である」のように、Aのことを誰もが共通のものとして認識できるよう言語化することです。じつは数学とは最初に定義をしないと始められない学問です。残念ながら多くの方はこのことに自覚的ではないようですが、これはとても大切なことです。

いまからの話は、15分程度かかるものである。
いまからの話は、3つの構成で展開されるものである。
いまからの話は、キーワードが2つあるものである。
いまからの話は、楽しく聞けるものである。

これらすべて、いまからの話を定義していることに他なりません。そして

何より重要なのは、**これを最初にしなければ始められない**という考えに基づいていることです。話をし始める前の「場の定義」という動作が数学そのものであることがおわかりいただけるでしょうか。これが私の提唱する、そして現場で実践してきた、「数学的な話し方」の一例です。

▐ 分解と構造化　〜わかりやすい話の正体〜

　話すという行為において役立つ数学的な動作は「定義」だけではありません。ここではわかりやすい話を目指すという前提で、**「分解」**と**「構造化」が威力を発揮する**ことを説明します。

　まず「分解」については読んで字の如く、「分けることで解る」ということが最大のポイントです。**「わかりやすい話」を目指すのであれば、分けて話すことを強く推奨します**。たとえば前項でご紹介した3つの「場の定義」を思い出しましょう。

　「いまから根拠を3つ、信頼性の高いものから順番に申し上げます」
　「まず前提、次に現状分析、最後に結論、この順番で説明します」
　「このプレゼンテーションの流れですが、まずは我々の紹介、続いて御社へのご提案、最後に他社事例、となります」

　お気づきかと思いますが、これらに共通するのは話す内容が3つに分解できているということです。そして実際に話す際には2つの矢印で接続して話すことになるでしょう。これはまさに「わける」と「つなぐ」、すなわち前章でも重要なテーマであった構造化に他なりません。あらためて、「読む」と「書く」と「話す」は密接につながっていることがわかります。

　じつは企業研修などの場において、「やはり3つがいいんでしょうか?」というご質問を頻繁にいただきます。さまざまなビジネスセミナーの講師やビジネス書の著者が「3つ」と教えているのかもしれません。

私個人としては「いくつでも良い」と思っています。その数字自体にはあまり本質的な意味はありません。ただ、**あくまでピタゴラスの名言や、話が長いと思われるのは「BAD」という考え方を前提とするなら、やはり話の要素は3つくらいまでに収めたほうがいい**とは思います。

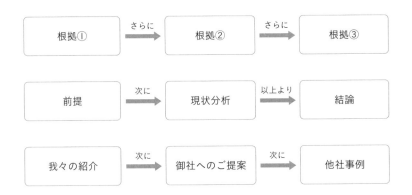

　もちろん理由があります。一般的に、「書く」とは違い「話す」という行為は瞬発力がいります。**その場でパッと頭の中で構造化することができなければ、わかりやすい話をすることは難しいでしょう。**

　ところが要素の数が10個も20個もあると、さすがにパッと頭の中で構造化することは難しいのではないでしょうか。どれだけ頭がシャープな人でも、せいぜい3つ程度の要素を使って構造化するのが限界ではないかと思います。

　もしこのあたりの瞬発力に課題があるとお考えの方は、ぜひ普段から3つに分解するトレーニングを実践することを推奨します。やり方はとても簡単です。とにかくなんでも3つの要素に分解するクセをつけるのです。たとえば次のエクササイズを考えてみてください。

エクササイズ

「豊かな人生に必要なこと」を3つの要素に分解してください

（構成する要素を3つ挙げる）

もちろん人により答えは異なります。シンプルな問いゆえに、あなたの人生観がたっぷり反映したものが答えになるでしょう。ちなみに私の答えは、「付き合う人、夢中になれるもの、お金」です。

　ではもうひとつ考えてみてください。

 エクササイズ

「素敵な自己紹介に必要なこと」を３つの要素に分解してください
（構成する要素を３つ挙げる）

　私の答えは、「名前、これまで、これから」です。名前は当然でしょう。次にこれまでどこで何をどのようにやってきた人間なのかを伝えることは、自身のことを理解してもらうために必要な要素だと考えます。さらに未来の展望についても語れる人が素敵な人だと私は思います。私であれば、この３つの要素をこの順序で自己紹介するかもしれません。

　そして実際に自己紹介をするとしたら、その話は３つの要素が２つの数学コトバでつながれた構造になっているはずです。３つに分解するトレーニングを実践することは、すなわち構造化のトレーニングにもなるのです。

比較　〜根拠の正体〜

　すでにお伝えしたように、相手が理解することと納得することは違います。あなたが保険のセールストークを聞いたとして、営業マンの説明を理解することと実際に契約することには大きな差があるでしょう。

　ではその**大きな差の正体はなにかというと、説得力の有無**です。じつは説得力ある話ができる人にはある特徴があります。

①自信を持って話をしている
②根拠を用意できる

まず①については明らかでしょう。自信なさそうに話している人から説得力を感じることはありません。そして②の根拠を用意できるスキルがあるからこそ、自信を持って話ができるという側面は考えられないでしょうか。つまり焦点を当てるのは②となります。

　じつは数学的なフィルターを通すと、根拠というものは2種類あることがわかります。**ひとつは「比較」によりつくるもの。もうひとつが「モデル化」によりつくるもの**です。

　まずは「比較」について説明します。比較とは根拠をつくるにあたりもっとも重要な動作であり、私は**「根拠とは比較である」**と公言しています。
　なぜ「根拠とは比較である」なのか、簡単な例で説明します。次の2つの話は同じ主張をしているものです。中身に比較の存在があり、それが根拠の役割を担っていることを確認してください。

　「リスキリングはとても大切な考え方です。成果を出している企業ほど、重視しているそうです。ビジネスパーソンはこれからさらに学ぶ必要がありますね」

　「かつては学生を卒業すれば社会人になり、そこから学生に戻るという生き方は少数派でした。しかし現代は違います。変化のスピードがあまりに速く、いまの常識はあっという間に過去のものになります。おそらくこれからはビジネスパーソンも何度か大学に通いなおすことが当たり前の時代になるでしょう。リスキリングはとても大切な考え方であり、ビジネスパーソンはこれからさらに学ぶ必要がありますね」

　まず前者については、成果を出している企業とそうでない企業を比較しています。後者は時系列の比較、すなわち「かつて」と「いま」と「これから」を比較した構造になっています。

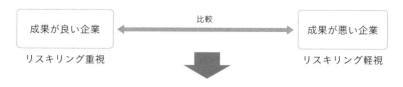

　じつは本章の冒頭で私はまさにそのアプローチを実践し、読者であるあなたに説得を試みていました。

　「ではまず時代背景から」「現代は」「一言で言えば"時代"」「私が生まれたおよそ50年前」「比較にならないほどの大きな変化」……。これらの表現を用いて、まさに時系列で比較することで本章の内容が重要であることの根拠としています。このようにビジネスコミュニケーションにおいて根拠が必要なときは、なにかとなにかを比較して意味づけすることが最初にすべきアプローチなのです。

　さらに、もし可能なときは**数字を使った比較ができると理想**です。ご存知のとおり、数字とは極めて簡単に比較ができ、そこに意味づけができるコトバです。営業利益率30％の会社と20％の会社があったとしたら、この2つの数字を比較することで前者のほうが「効率よく儲けを出している会社」という主張に説得力が生まれます。

　ただし、数字を比較することで根拠としたいのであればひとつだけ大切なポイントがあります。それは**伝える相手の仕事に関係ある数字**の比較であることです。

　たとえば相手が経営者だとしたら、いわゆる現場の数字の比較で物事を説明してもうまく伝わりません。逆に現場の若手ビジネスパーソンに会社の損

益分岐点売上高比率や株価純資産倍率（PBR：Price Book-value Ratio）などといった数字を持ち出しても、おそらくなんのことかわからないでしょう。

　経営者の仕事は経営であり、現場にいる従業員の仕事は現場の最適化です。相手の仕事に関係ある数字の比較でなければ、どれだけ正確な数字だとしても、どれだけ正しい主張をしているとしても、相手にとって根拠として伝わらないのです。

　裏を返せば、このポイントさえしっかり外さなければ、数字の比較をすることで確実にあなたの話に説得力が生まれるはずです。

　もしあなたの周囲に成果を出しているビジネスパーソンがいたら、その人物の話す内容をよく聞き、そしてどんな数字を入れて話しているかを注意深く観察してみてください。自分の仕事に関係ある数字の比較ではなく、相手の仕事に関係ある数字の比較で話しているはずです。

❙ モデル化　〜説得力のまとい方〜

　根拠というものは正しいと主張するために必要なものです。そして正しいと主張するとは、極めて数学的な行為でもあります。

　たとえばあなたが学生で、円の面積（S）を求める問題を解くとします。もしあなたが次の公式を知っているとしましょう。このような公式や法則を本書ではモデルと表現しました。

$$S = \pi r^2$$
π：円周率　　r：円の半径

　あなたはこのモデルに当てはめて導いた答えを、ためらうことなく自信を持って解答用紙に書けるはずです。言い換えると、その答えが正しいと自信を持って主張できるということです。なぜそう主張できるかというと、**正し**

いといえるモデルに当てはめた結果だからです。この一連の話をシンプルにすると次のように整理できます。

誰もが正しいと思っているモデルを用意する
↓
それに当てはめる
↓
当てはめた結果も正しいと説明できる
↓
その主張に説得力が生まれる

これをビジネスコミュニケーションに置き換えると、**あなたの話（主張）に説得力が必要ならば、誰もが正しいと思っているモデルを用意することが有効**ということになります。もしそれが用意できれば、あとはそれに当てはめるだけであなたの主張に説得力が生まれます。

たとえば第2章で登場した単回帰分析などはその典型的な例といえます。アイスクリームの平均販売数とその日の気温の関係を表現する数学的モデルをつくり、それに当てはめることで予測値も容易に算出することができます。人間がテキトーに計算したものではなく、数学的な裏付けをもとにしっかり計算されたものなので根拠として非常にパワフルです。

この考え方を応用するなら、世の中で一般的に正しいとされる公式や法則をできるだけたくさん知っておくことはメリットがありそうです。第1章でもご紹介したこれらはその代表格でしょう。

パレートの法則（80：20の法則）
ランチェスターの法則
プロスペクト理論

「こういう性質がありますよ」「こういう法則がありますよ」「こういう関

係があることがわかりましたよ」といった主張を自動的にしてくれるこれらの法則は、うまく使えば根拠として活躍してくれるはずです。

　たとえばプロスペクト理論とは行動経済学において提唱されている理論であり、簡単に表現すると「損失は利得よりも2倍、大きく感じる」というものです。
　私は企業研修やビジネスセミナーにおいて損益分岐点分析を学ぶ意義を解説するときがありますが、その際はこのプロスペクト理論を持ち出し、このように話しています。参考までに再現してみます。

　あなたの上司や経営トップがもっとも恐れていることはなにかご存知でしょうか。会社として、部門として、損失を出すことです。当然ですね。

　じつは行動経済学においてプロスペクト理論という考え方があります。簡単にいうと、「損失は利得よりも2倍、大きく感じる」というものです。利益を得る喜びよりも、損失を出す恐怖のほうがずっと心理的に大きく影響するということ。人間とは誰しもそういう性質を持った生き物だということです。

　あなたの上司や経営トップも同じです。彼らがじつは恐れていることだからこそ、そのテーマについてしっかり数字を使ってコミュニケーションが図れれば、それだけであなたは信頼されるのではないでしょうか。だから損益分岐点分析を学んでおいたほうがあなたにとって得なのです。

　単に「損益分岐点分析は学ぶべきだ！」と主張するよりもこちらのほうがずっと伝わります。そして何より、学ぼうとしてくれます。根拠を用意した説得力ある話とは、こういうものではないかと思います。
　あらためて、次の整理を確認してください。私の話が極めて数学的であったことがわかっていただけるでしょう。

誰もが正しいと思っているモデルを用意する

↓

それに当てはめる

↓

当てはめた結果も正しいと説明できる

↓

その主張には説得力が生まれる

　根拠はモデルに当てはめることで用意できます。根拠として使えるモデルをエクセルや数学的理論も駆使しながら自らつくるのも素晴らしいし、優秀な学者たちが提唱している法則や公式の力を少しお借りするのもアリだと思います。

　モデル化して話す。ぜひ挑戦してみてはいかがでしょうか。

　前項と同じ形の結びになりますが、もしあなたの周囲に成果を出しているビジネスパーソンがいたら、その人物の話す内容をよく聞き、そしてなにかに当てはめて主張をしていないかどうかを注意深く観察してみてください。その人の話が正しそうに伝わるのは、誰もが無条件で正しいと思うなにかに当てはめているからかもしれません。

　最後に、こんなエクササイズをご用意しました。ここまでの内容を自ら否定するわけではありませんが、話すという行為は理屈だけで上達するものではありません。頭で理解するものではなく、身体で覚えるものです。ぜひ身近なお手本を見つけて、まねてみることからスタートしてみてはいかがでしょうか。

 エクササイズ

あなたにとって「話し方のお手本」となる人は誰でしょうか。
なぜその人の話は最後まで聞けるのか。なぜわかりやすいのか。なぜ説得力があるのか。その人物の話を徹底的に聞き、徹底的にまねてみま

しょう。

話し方で悩むすべての人へ

秋山仁（数学者）　〜モデルに当てはめる話し方〜

　お手本を見つけてまねてみることからスタートする。苦手だったものが上達するために誰でもできることはこれしかありません。

　そこで私なりに選んだ「お手本」を3名、ご紹介することにいたします。ただしそのお手本はやはり"結果を出し続けている人"でなければ説得力がありません。個人的な好みなどではなく、あくまで誰からも認められる成果をあげてきた人物という視点で、3つの分野から選びました。彼らの公の場での話し方のどこに数学的な動作が潜んでいるのか。具体例で解説してまいります。ぜひ楽しんでいただければ幸いです。

　まずは学問の世界で誰からも認められる成果をあげてきた人ということで、数学者・秋山仁さんの話し方をご紹介します。

　長髪にバンダナを巻いた個性的な風貌で印象に残っている人も多いのではないでしょうか。メディアにも頻繁に露出し、数学の魅力をわかりやすく伝えてくださる方ですが、ここで重要なのは数学者の中でもとりわけわかりやすく伝えることが上手な人であるということです。数学者なのですから、数学的思考が上手であることは当然です。ゆえに数学的な話し方ができるのも必然となります。

　あるインタビューにて秋山さんが自身の活動について語る場面がありました。その一部を（秋山さんの発するすべての言葉をリスペクトしたうえで）

究極まで要約して表現します。

> *まず大切なのは、できるようにさせるよりも好きにさせる。*
> *格言で言うなら、好きこそものの上手なれ。*
> *だから私の戦略は「好きにさせる」なのです。[1]*

　ここまで要約してしまうととても無味乾燥なものに感じるかもしれませんが、じつはこのたった3文の中にもはっきり数学的な動作が存在しています。

　この話のメッセージは最後の1文です。つまり秋山さんはとにかく数学を好きにさせることを目指し、そのためにいろんな活動を試行錯誤しながら続けているそうです。

　さらに注目していただきたいのは2文目です。**「好きこそものの上手なれ」とはどんなものにも当てはまる、誰もがそのとおりと思う真理**ではないでしょうか。数学に置き換えれば、これは間違いなく正しいと証明された公式や法則と同じです。秋山さんはこの公式に当てはめ、自分の主張に説得力を纏わせています。

> 誰もが正しいと思っているモデルを用意する
> ↓
> それに当てはめる
> ↓
> 当てはめた結果も正しいと説明できる
> ↓
> その主張には説得力が生まれる

　まさに前項において解説したことに他なりません。秋山さんはこのように何気ない話の中に、ひっそりと、そして確実に、数学を忍ばせています。数

---

1)「Springer eBooks著者の声　東京理科大学教授 秋山仁先生/第1部：数学の面白さ、楽しさを語る」、https://www.youtube.com/watch?v=y-hOCB2LYgY（2023年12月11日閲覧）

学をわかりやすく説明できる人は、それ以外の物事もわかりやすく説明できる人です。YouTubeなどで探せば秋山さんが話している様子を観ることができます。ぜひそのわかりやすさの秘密を探ってみてはいかがでしょうか。

小池百合子（東京都知事）
～時系列の比較で「いま」を強調～

　続いてご紹介するのは東京都知事の小池百合子さんです。念のため申し上げますが、小池さんを挙げることに政治的な意味はまったくありません。あくまで話し方という観点で、お手本としてご紹介するものです。

　もともとニュースキャスターだったこともあり、聞きやすい話し方をなさるのは当然かもしれません。東京五輪やコロナ禍といった大きなニュースがあったこの数年、メディアなどで小池さんが話される場面をたくさん見聞きしました。日本の首都のトップである以上、その話し方には質が求められるものだと思いますが、私から見てとても数学的で美しい話し方をされる方だと感じます。

　2023年4月3日に行われた東京都庁の入庁式において新入職員1,828人に向けて挨拶をする様子をたまたま映像で拝見しました。その一部を（小池さんの発するすべての言葉をリスペクトしたうえで）究極まで要約して表現します。

> 職務にあたるうえで心にとどめておいて欲しいことを3点お伝えします。
> 1つ目。都民ファーストであることです。
> 2つ目。視野を広げ、新しいことにチャレンジする姿勢を持ち続けましょう。
> 3つ目。ライフワークバランスです。ワークライフではなく、都庁ではライフワークバランスと呼んでいます。

> 想像を超えるスピードで世界が変化をし、歴史の転換機を迎えるいまだからこそ、従来の発想を大胆に打ち破って、イノベーションを生み出していかなければなりません。つねに未来思考で、新たなチャレンジを続けていきましょう。[2]

先ほどの秋山さんのときと同様、ここまで要約してしまうととても無味乾燥なものに感じるかもしれませんが、じつは本章でお伝えしたエッセンスがしっかり使われています。

すぐにわかるのは「3点」と明確に伝えていること、すなわち3要素に分解されているということです。わかりやすい話を目指すのであれば、分けて話すことは鉄則です。

さらに後半の内容にも注目してください。小池さんは新入職員に対し、新たなチャレンジを続けることの必要性を時系列の比較を使って話していることにお気づきでしょうか。**この短いメッセージの中には、明確に「かつて」と「いま」と「これから」の比較が存在しています**（未来思考というワードにもそれが端的に現れています）。

前項で私は「ではまず時代背景から」「現代は」「一言で言えば"時代"」「私が生まれたおよそ50年前」「比較にならないほどの大きな変化」……といった表現を用いることで根拠とした事例をご紹介しました。小池さんもまさにその枠組みで話をし、なぜいまチャレンジが必要なのかを訴えています。

一般論として、私たちビジネスパーソンはつねに変化が求められます。**変化という概念自体、じつは比較なのです。**このような時系列の比較で話をし、説得を試みる場面はとても多いのではないでしょうか。小池さんは都民や多くの職員に理解や納得をもたらす話をしなければならない立場にいま

2）「東京都庁入庁式　小池都知事が新入職員にあいさつ（2023年4月3日）」、https://www.youtube.com/watch?v=UuZFmN2tltU（2023年12月11日閲覧）

す。いったいどのように話しているのか、お手本のひとりとしてぜひ観察してみてはいかがでしょうか。

本田圭佑（実業家）　～近畿大学卒業式でのメッセージ～

　最後にご紹介するのは本田圭佑さん。元サッカー日本代表であり、サッカー指導者、解説者、実業家として活躍されています。

　そんな本田さんは2023年3月18日、近畿大学の卒業式にゲストスピーカーとして登壇し、卒業生にエールを贈りました。まさに"結果を出し続けている人"であり、かつ伝える力があることが登壇の理由でしょうか。私も拝聴しましたが、実に知性ある話し方をする方だと思いました。
　その一部を（本田さんの発するすべての言葉をリスペクトしたうえで）究極まで要約して表現します。

　みなさん、こんにちは。

　僕は大学を出ていないんですけど、この近畿大学の卒業式に呼んでいただけて、過去に結構面白い人がここにきて話して……

　あ、すいません。僕いつもこうやって歩きながら話すんですよ（笑）。カンボジアの代表とか指揮しているときとかもこうずっと話しながら散歩しながらこうやって話しています。あまり気にせず聞いて欲しいんですけど。

　先に、卒業おめでとうございます。

　今日何を話すか、一切考えずに来ました。そのスタイルがすごく好きで、暗記が得意じゃないとか、人がなにか読みながら話しているのがあまり好きじゃないというのがあって、一切用意せずに、不安も感じなが

ら、なるようになるだろうと思いながら、ここに来ています。

（中略）

最初に伝えたいことは、“欲望を解放しろ”と“限界を決めるな”ということです。

（中略）

夢を叶えるために僕が一番大事にしていることをお伝えします。ものすごく簡単なことです。でも、意外にやらないことです。“環境にこだわれ”ということです。

（中略）

めちゃくちゃ追い込まれたときに、自分自身に言い聞かせている言葉を最後に贈ります。“いつかは死ぬ”。“生きたいように生きろ”と。[3]

　まず注目していただきたいのは冒頭です。本田さんは本題に入る前に**場の定義**をしているのです。場の定義とは、話の冒頭に聞き手のつもりをコントロールすることでした。

- 歩きながら話すスタイルなのでそこは気にしなくていい
- 用意した台本を読み上げるようなスピーチではない
- 何を話すかは一切考えていない

　なぜ本田さんはこれらの情報を冒頭で聴講者に伝えたのでしょうか。ご本人に確認したわけではないので私の仮説に過ぎませんが、おそらく本田さん

3)「プロサッカー選手 本田圭佑氏 卒業式スピーチ「欲望を解放しろ、環境にこだわれ」 令和4年度近畿大学卒業式」、https://www.youtube.com/watch?v=fLV84AZ14_A（2023年12月11日閲覧）

はご自身のスタンスを示すことで、同時に聞き手のスタンスも定義したのではないかと思います。

　自由に、その場で思ったことを、その場で浮かんだ言葉で伝えるから、聞き手もそのつもりで聞いて欲しい。そのような前提で言葉を受け取って欲しい。そう伝えたかったのではないかと。

　本田さんは「いまからの話は、〜なものである」と定義してから本題に入りました。数学は定義をしないことには始められません。**大切な話をする際は数学のように定義から始める**。本田さんの導入話法はとても数学的でした。

　また、以降の内容は大きく3つの要素に分かれ、そしてそれは次のように構造化されていました。

"欲望を解放しろ" "限界を決めるな"

↓（さらに）

"環境にこだわれ"

↓（以上より）

"いつかは死ぬ" "生きたいように生きろ"

　「わける」と「つなぐ」。要素に分けて、数学コトバでつなぐ。**ご本人曰く、話す内容を一切用意していないということですが、実際にお話しになった内容は実に見事に構造化されていました。**

　さらに言うなら、私がこのように**要約できるようなフレーズをしっかり用意していることも心憎い**なと感じます。多くのコトバで少しを語るのではなく、少しのコトバで多くを語る。まるで数学のように無駄なコトバを一切使わず記述できる。まさに数学的な話し方であり、間違いなく本田さんはこの場で数学をしていました。もしご興味ある方はぜひ実際の映像をご覧いただきたいと思います。

　ちなみに、私が本田さんを選んだ本当の理由は3つあります。

　まず私自身がサッカーファンであること。そして本田さんが実業家として

ビジネスをされていること。さらにスポーツやダイバーシティといったテーマで教育分野にも参入されていること。ただのアスリートではなく、ビジネスと教育という文脈で活動をなさっていることに（勝手に）シンパシーを感じています。

　私も頑張ろうと思います。

　3名の事例をご紹介しましたが、楽しんでいただけたでしょうか。

　分野や世界が違っても、結果を出せる人の話し方には共通点があります。巻末で紹介する推薦図書において、今回とりあげた3名のほかにさまざまな分野の第一人者の話し方をご紹介しております。ご興味ある方はぜひ参照ください。

▌話すとは、優しさである

　では本章の最後に、話すという行為において私が戒めとしている考え方をご紹介します。あなたの同意や共感を求めるものではありません。ひとりの人間の価値観として受け止めていただければこれほど嬉しいことはありません。

　「話すとは、優しさである」

　私が従事してきた教育や人材育成のサポートをするという仕事は、人と話すという行為から逃げることができません。あるとき、研修後のアンケートにこのようなコメントを見つけました。

　「私の頭が悪いせいで、この日の研修内容が理解できませんでした。丁寧に説明してくださった深沢先生に申し訳なく思います」

　しばらく動けませんでした。

　このコメントはあることを教えてくれています。**話し手にとって伝わらな**

い悲しさがあるように、**聞き手にも相手が話してくれた内容を理解できない（理解してあげられない）悲しさがある**ということです。

　もちろんこの参加者が申し訳なく思う必要など少しもありません。非があるとするなら、そのように思わせてしまった私のほうです。しかし私のせいでこの方はモヤモヤしている、あるいは悲しく悔しい思いをしている。これは紛れもない事実です。

　たとえばあなたが家族の誰かに向けて話をするとします。相手に伝わらなければ、もちろんあなたは悲しいでしょう。しかしもしかしたらその相手はあなたの話をちゃんと理解したいと思っているかもしれません。あなたの話を理解したいとは、あなたのことを理解したいということと同義です。大切な家族の考えていることをわかってあげられない。もしかしたら心の中でそのことを悲しみ、申し訳なく思ってしまうかもしれません。

　あなたの話し方であなた自身が傷ついたり悲しくなったりするだけならまだしも、あなたの話を聞くために貴重な時間（人生の一部）を使ってくださる相手まで悲しい気持ちにさせてしまう。できることならそれだけは避けたいとは思いませんか。

　聞き手を悲しませないためには、話し手がほんの少し努力する必要があるのかもしれません。そしてそれができる人とは、おそらく優しい人ではないかと思うのです。なぜなら、相手に悲しい思いをさせないようにしようという気持ちを持てる人だからです。

　私は本章で「数学的な話し方」を提案しましたが、そもそも話し方など人それぞれであり、自由で良いはずです。あなたがいまの自分の話し方を気に入っているなら、なにかを変える必要などないのだと思います。

　しかしそれでもあなたが話し方で悩んでいるとしたら、きっとあなたは優しい人なのだと思います。素敵なことです。「数学的な話し方」があなたのその優しさを表現する一助になるなら、ぜひ実践してみてください。

私はこれからも「話すとは、優しさである」を戒めに、現場に立ってビジネスパーソンの皆様に向けて話をしたいと思っています。

第**6**章

数学的に
資料作成する

1 あなたのつくる資料は数学的か

（数学的に伝える）＝｛（書く）＋（話す）＋（見せる）｝×（数学的）

いよいよ本書における最終章。長かった旅の終わりが近づいてきました。ぜひ最後まで楽しんでいただき、私と一緒にゴールテープを切りましょう。

ビジネスパーソンが相手になにかを伝える際、文章を書いて読んでもらう、あるいは直接話すことで伝える、のいずれかが基本です。しかしそこに加えるものがあるとするなら、それはたったひとつしかありません。

資料などを使って「見せる」ことで伝える

具体的には資料を作成し、ミーティングや商談などで相手に見せることです。これもまた、すべてのビジネスパーソンに必須のスキルといって良いのではないでしょうか。

ここまでコミュニケーションをテーマに「書く」と「話す」についてお伝えしてきましたが、そこに「見せる」を加えることであなたのビジネスコミュニケーションは完成します。もちろんそれには"数学的"という枕詞がつくことになります。

そこで本章は資料作成をテーマにし、次のような提案をしたいと思っています。

数学的に見せる技術

もちろん私自身、企業研修などの最前線で参加者に見せる資料は、本章でご紹介するエッセンスを数多く活用しています。

しかしながら、この「数学的に見せる」という表現に初めて出会った読者も多いのではと想像します。実際、私が研修の現場やプライベートでの雑談

においてなんの説明もなくこのワードを口から発すると、「？」というリアクションをされることがほとんどです。

　じつは**「数学的に見せる」を理解する手がかりは、美しさという概念にあります**。本章の根幹にあたる重要なことです。そこで少しばかり唐突ですが、まずは数学と美しさの関係ついて簡単に説明をさせてください。

なぜ数学は美しいのか

　数学とは美しいものです。
　しかしながらこれまで私はそのような話をして相手にポカンとされた経験がたくさんあります。どう伝えれば良いのかいまだに正解はわかっていませんが、ここからひとつの解釈を述べていきます。それはとてつもなく感覚的なものであり、数学の知識や理解は不要です。とにかく、感覚的なものだと思ってください。

　私は数学の美しさとはこれ以上ないほどシンプルに記述できることにあると思っています。具体例を挙げましょう。次の3つはすべて同じ"文章"ですが、数学の記述として理想とされる表現は3つ目です。

　ある数aがあります。そのある数aに別のある数rを掛け算します。さらにそのある数rを掛け算します。さらにそのある数rを掛け算します。これを無限に繰り返し、aから順番にすべて足し算をしていきます。

$$S = a + ar + ar^2 + ar^3 + \cdots$$

$$S = \sum_{n=1}^{\infty} ar^{n-1}$$

　3つ目の表現に注目してください。スッキリしていて、短い文章で、パッと見ただけで読み終えることができる状態になっています。繰り返しです

が、あなたがこの数式の意味を理解できるかどうかはまったく重要ではありません。「スッキリ」や「パッと」といった表現からわかるように、とてつもなく直感的かつ視覚的なことについて言及しています。

あるいは次の数式をご覧になってみてください。ピタゴラスの定理と呼ばれ、直角三角形の3つの辺の長さに関する性質を示したあまりに有名な数式です。先ほどの感覚そのままに、この数式を見てください。シンプルで、スッキリしていて、とても短い文章です。

$$a^2 + b^2 = c^2$$

本来はとても複雑なものなのに、それがこれほどスッキリした表現で説明できてしまう。数学にある種の美が存在するとは、そのようなことを指すのです。
そして美とは人間が視覚的に感じるものではないでしょうか。
たとえば「造形美」という言葉がありますが、これは建造物などを見たときに感じる様を表現するものです。無駄なものがなくスッキリと整理整頓された部屋を「キレイな部屋」などと表現しますが、これも視覚的に美しいものだと感じた際に使われる表現です。

では数学に存在する美しさが、ビジネスにおける資料づくりとどう関係するのかを説明します。
一般的な考えとして、資料は汚いよりは綺麗なほうが良いし、ゴチャゴチャしているよりはスッキリしているほうが良いと思われます。何度見てもわからないものよりはパッと見ただけで意味が理解できるもののほうが良いでしょう。もしあなたが誰かに見せる資料をつくるとして、おそらくそのような考え方が必要になるのではないでしょうか。

この話を料理に喩えると、盛り付けという最終工程はとても細かい仕事だけれど、一方でそれだけで相手からの印象を決定づけてしまう大切なものです。

せっかくあなたの「書く」や「話す」の質が高くても、配布資料や投影資料などが美しくないために印象を悪くしているとするなら、これほどもったいないことはありません。ビジネスで使う資料とはコミュニケーションツールであり、そしてそこにはある種の美しさが欲しいと考えます。

ビジネスで使う資料には美しさが欲しい。
美しさとは数学のような様であること。

この2つを組み合わせることで、**ビジネスで使う資料は数学的でありたい**という考え方が誕生します。数学に存在する美しさがビジネスにおける資料づくりと関係する理由になっているのではないでしょうか。

ビジネスで使う資料には2種類ある

いよいよ本題に入ります。
まずは大事な前提を共有します。私はビジネスで使う資料は2種類あると考えています。言い換えれば2種類しかありません。つまりその2つを使い分けるだけでいいと考えるのです。感覚的に伝わるよう、あえて擬音を用いて表現します。

①じっくり、ちゃんと、読む資料
②パッと、サクッと、見る資料

①は細かい情報まで正確かつ丁寧に記載する必要があります。作成にあたり留意することはまさに、「細かい情報まで正確かつ丁寧に記載する」以外にありません。ある意味では、工夫のいらない資料ということになります。例としては次のようなものがあります。

・企業が決算発表などで公表する正式な資料（主に配布する資料）
・企業間で契約をする際に交わす契約書や覚書

・報告書や始末書など、細部まで正確に情報を伝達するための書類

　一方で②はそうはいきません。**ある情報を削ぎ落としたり、あるいは強調したり、色やグラフなどを活用し、見やすく、美しい資料にする必要が出てきます。**つまり工夫が必要な資料なのです。例としては次のようなものがあります。

・採用活動で企業が使う概要説明資料
・経営層に向けて行うプレゼンテーション資料
・自社サービスの魅力を訴えるPR映像

　ここで重要なのはこの２つをどう使い分けるかということですが、その答えは先ほどの分類の中にある「読む」と「見る」という表現にあります。**読む資料とは、相手に読ませるためのものです。見る資料とは、相手に見せるために必要なもの**です。当たり前のことを述べているように感じるかもしれませんが、これがとても重要です。

　たとえば本書の目次は読ませるもの、あるいは見せるもの、どちらでしょうか。さらに、本書の表紙（カバー）はいかがでしょうか。

「目次を読んで、買ってみようと思いました」
「表紙を見て、買ってみようと思いました」

　そんな表現が一般的であり、逆はあまり考えられません。目次は読むもの。表紙は見るもの。まさに本書もその２つの使い分けによって読者になるかもしれない誰かとコミュニケーションをし、興味を持っていただこうとしているのです。
　そしておそらく、本書の編集をご担当いただいた東洋経済新報社の近藤氏は、単なる箇条書きでしかない目次よりも、いろんな工夫が必要な表紙に労力と時間を割き、校了ギリギリまで悩み抜き、見せる資料を作成したのではと想像します。

ビジネスで使う資料もこれと本質的には同じと考えます。つまりあなたの資料作成という仕事も近藤氏の仕事と同じなのです。2種類しかないということが感覚的にも伝わったでしょうか。

そこでここからは工夫が必要な「パッと、サクッと、見る資料」に焦点を当て、作成する際の留意点を確認していきます。そしてここから先で私が使う「見せる」という表現は、「魅せる」と同義だと思ってください。料理の盛り付けはその料理が魅力的に映るためにするものです。魅力的に見せる。だから魅せる。この感覚でこの先を読み進めてみてください。

「文字の大きさ」で伝える
～ソフトバンクグループ決算資料～

さっそくですが、具体的な例としてソフトバンクグループの決算発表の資料[1]を用います。同社のWEBサイトを拝見すると、「短信」「データシート」「プレゼンテーション資料」の3種類が用意されています。

短信とは決算短信のことであり、企業の決算発表の内容をまとめた書類のことです。細部まで情報が丁寧に記載されています。データシートは関連する細かいデータのことで参考資料のようなものであり、細部の確認をしたい方には必要なものでしょう。この2つは明らかに「じっくり、ちゃんと、読む資料」となります。

一方で、プレゼンテーション資料に求められるものはまったく異なります。そもそも**プレゼンテーションとは細部の情報をキャッチしてもらうために行うものではなく、主たるメッセージを相手に納得してもらうために行うもの**です。頭で理解する情報はもちろん必要ですが、同時に視覚的に感じ

---

1) SoftBank「説明会資料」、https://www.softbank.jp/corp/ir/documents/presentations/fy2023/（2023年12月11日閲覧）

取ってもらう「印象」も非常に重要になります。

　ソフトバンクグループのプレゼンテーション資料の一部をご紹介します。

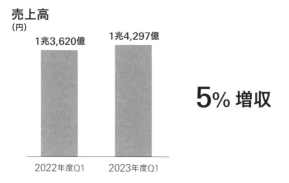

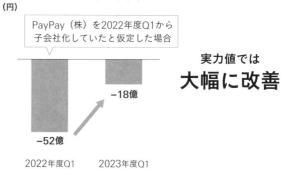

　まず注目していただきたいのは、「**文字が大きい**」ということです。主たるメッセージをとても大きな文字で伝えています。よく観察してみると、「5％増収」の数字だけが大きくなっているのがおわかりいただけるでしょうか。その視点で眺めてみると、他の資料に記載されている文字も、**訴えたいメッセージがより大きな文字で強調されている**ことに気づくはずです。

　文字は大きく。あなたはこれを当たり前のことと思われるかもしれませんが、残念ながらそうとも言い切れません。私はこれまでさまざまなビジネスパーソンの作成した資料を拝見してきましたが、プレゼンテーション資料が

小さい文字で情報量も多く、「じっくり、ちゃんと、読む資料」になってしまっているケースが散見されます（後ほど別の例で示します）。

　今回お手本としてご紹介したソフトバンクグループの資料はとても見やすくメッセージがわかりやすいですが、その最大の理由が文字の大きさにあることは間違いありません。おそらくつくった人は、見せる資料では文字を大きくするという考え方が徹底されているのでしょう。

グラフを使わない前提で、グラフを使う

　ソフトバンクグループの資料にもあるように、プレゼンテーション資料ではグラフを使用することも多々あります。グラフとは数量を比較したり、内訳を分解して表現できる、極めて数学的なツールです。そこで資料づくりという観点で、グラフを使う際の留意点をお伝えします。

　私がプレゼンテーション資料にグラフを使う際に強く意識するのが、「**グラフを使わない前提で、グラフを使う**」ということです。これだけではとても矛盾することを言っているように伝わってしまうでしょう。具体例を使って説明します。

　たとえば次の図をご覧ください。ある企業の従業員満足度を年代別に調査した結果を棒グラフで示したものです。おそらくエクセルシートのデータを単にグラフ化しただけの状態と推察されます。しかしプレゼンテーションなどの場で見せるために使うという前提なら、少し改良の余地がありそうです。

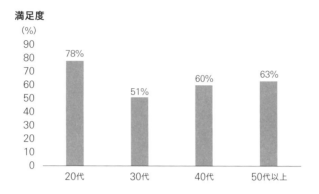

満足度
(%)

まずは見せるグラフにはひとつのメッセージを込めます。残念ながらこのグラフは何が言いたいのか（見せたいのか）まったくわかりません。むしろプレゼンターが「さて、このグラフからなにかいえるでしょうか？」と問いかけているようにすら思えます。学校の授業やテスト問題ならそれは許されますが、ビジネスにおけるコミュニケーションでそのようなことをしても不評を買うだけです。

イメージとしては小学生がパッと見ただけでも何が言いたいのかが伝わるグラフを目指します。

そのようなグラフをつくる際に必要なのが、「グラフを使わない前提で、グラフを使う」という発想です。具体的には、**最悪の場合グラフがなくてもメッセージは伝わるように見せる**と考えるのです。

もし先ほどのグラフにおいて伝えたいメッセージが「30代になると急落する」あるいは「キャリアチェンジや今後の人生などを考える世代であることがわかる」といったことであれば、この棒グラフがなくてもそれが伝わるような数字なり文章を先に用意します。

・一気に満足度が下がる
・20代（78%）→　30代（51%）

情報としてはこれだけで十分であり、これさえ伝えれば最悪の場合グラフ

がなくてもコミュニケーションは成立します。そのうえで、**どうしてもグラフを添えたほうが良いと考えられる場合は、メッセージとなる部分を強調するなど少し"お化粧"をしたうえで見せる**のです。たとえば私であれば次のようなグラフにして見せるでしょう。

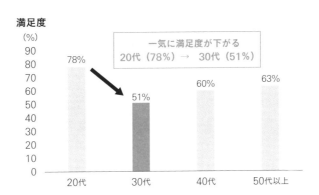

　ここでは40代と50代の情報もグラフに入れることにしました。理由は30代の数字がとても低いことを強調できるからです。これが見せるグラフにはひとつのメッセージを込めるということです。
　さらに数学的という観点では、プレゼンテーション資料には3つの要素が入っていることが理想と考えています。

・**数字**
・**グラフ**
・**矢印**

　数字とグラフが入ったほうが良いことはもはや説明の必要はないでしょう。**ポイントは矢印を入れること**です。本書をここまでお読みくださったあなたなら、**矢印というものはとても数学的な図形**であることが伝わっているはずです（本書の中でも実にたくさんの矢印が表現として使われていました）。

加えて、**矢印とはメッセージがないと使えない**ものでもあります。たとえば「上昇しています（下降しています）」や「ここに注目してください」や「5％が10％に変化しました」といったメッセージを伝える際に役立ちます。言い換えれば、矢印とは伝えたいメッセージがなければ使うことができない絵柄なのです。先ほどご紹介した2つの図の違いがそれを証明しています。

　裏を返せば、**資料づくりの際に矢印を使うことを強烈に意識することは、その資料のメッセージを何にしようかと考えることと同義**です。これが資料づくりにおいて矢印を使うことを推奨する理由です。

　ここまで説明した内容を踏まえて、あらためてソフトバンクグループのプレゼンテーション資料を確認してみてください。数字とグラフと矢印を使い、最悪の場合グラフがなくてもメッセージは伝わるように見せるとはどういうことかが直感的にも伝わるはずです。

▌ 少なく、とにかく少なく

　数学はとにかく無駄を嫌い、最少の情報量で物事を説明することがエレガントであるという価値観があります。数学的に見せるということは、とにかく最少の情報量で相手に資料を見せるということなのです。

　たとえば次の表が、あるコンビニエンスストアの1週間の売上を示しているとします。

単位：円

	月	火	水	木	金	土	日
売上高	520,000	512,000	494,000	472,000	403,000	317,000	222,000

　このデータを使い、「この店の売上は平日のほうが土日よりも2倍近く高い」ということをメッセージとした資料を作成します。

次の図は単に月曜日から日曜日までの数字を棒グラフにしただけで、これでは何を言いたいのかが伝わりません。

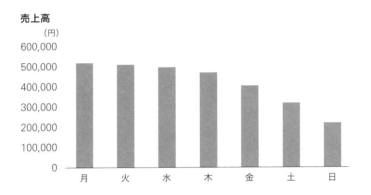

　一方で次の図は少し工夫をした見せ方になっています。平日と土日の比較をしたいのですから、平日の平均と土日の平均という2つの数字で比較を行います。

　さらに矢印も使うことで、"注目してほしい"のは平日の売上であることと、平日は売上が"増える"ことを直感的に示すようにしています。もしグラフがなかったとしても何が言いたいかがわかる資料になっていることも確認してください。

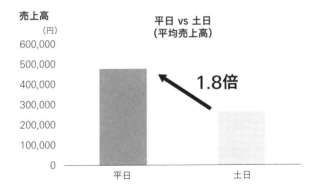

　また、**工夫を施す資料にする場合は、資料の中に「何をしたか」を記載す**ることを推奨します。この例であれば「何をしたか」は次の2つです。

・平日と土日の比較をした

・平日と土日それぞれの平均値を使った

　誰でもできる簡単なことですが、意外にこの「何をしたか」が記載されていない状態の資料が散見されます。目的はグラフにすることではなくメッセージを伝えることだと強く認識できていれば、まさに誰でもできる簡単なことだといえるでしょう。

　さらに細かいことを申し上げるなら、**資料に使う「色」についてもできるだけ少なくしたい**ものです。一般論として、色も情報のひとつです。なんでも少なければ良いというものではないとしつつ、数学的であることを推奨する立場としては、可能な範囲で情報量は減らすことを心がけています。

　たとえば私の場合はひとつのグラフ、あるいは1枚の投影スライドの中には3色までしか使わないことを原則としています。本書において「色」を伝えることは難しいですが、先ほどのグラフは、文字は黒、棒グラフの部分のみ2色で塗りつぶした資料とすることを想定しています。

重要な文章ほど1行で表現されている

　情報量はとにかく少なく。この考え方を適用する対象はグラフだけではありません。私は資料に記載する文章もできるだけ短いものにすることを鉄則としています。具体的には**1行で表現すること**を意識します。

　じつはこの鉄則は本書においても随所に登場しています。たとえば本章においても次のような1行の表現がありました。

資料などを使って「見せる」ことで伝える

数学的に見せる技術

なにかしらメッセージ性のあるもの、見せるというよりは魅せる感覚が欲

しいと思ったものについては意図的にこのような表現をしています。

　じつは私のこのような文体は数学と無関係ではありません。数学において数式とは重要な文章表現のひとつですが、そのほとんどが1行で表現されているものです。実際、本章の冒頭において2つの数式が紹介されましたが、いずれも1行での表現です。

$$S = a + ar + ar^2 + ar^3 + \cdots$$
$$S = \sum_{n=1}^{\infty} a\, r^{n-1}$$

　数学において数式は極めて重要な文章であり、そして重要な文章ほど1行で表現されている。私はかつて数学という文章を徹底的に読む過程において、（良いか悪いかは別にして）この感覚を身につけました。それがいまビジネスコミュニケーションにおいて大いに役立っており、とくに資料づくりにおける視覚的な要素に大きく貢献しました。

　そこで、私が企業研修や講演などプレゼンテーションが必要な場面において活用しているものを参考までにご紹介します。

　私の持っているオリジナルの研修プログラムに**「数字で伝える・説得する技術」**というものがあります。その研修において私は次のメッセージを受講者に投げかける局面があります。

　「ちゃんと、きっちり、正確に、隅々まで、すべて数字で伝えないと相手は理解してくれない」という考えの人ほど、じつはコミュニケーションがうまくいかない。

　さて、私がこのメッセージを伝えるために現場で投影しているスライドは次のどちらだと思われるでしょうか。

数字で伝える・説得する
上手な人とそうでない人の違いとは？

うまく伝えられない人：
ちゃんと、きっちり、正確に、隅々まで、すべて数字で伝えないと相手は理解してくれないと思い込んでいる。つまり相手が100%理解することが前提のコミュニケーションが正しいやりかただと思い込んでいる。
そうなってしまうと、所要時間が多くなり、配付資料の情報量も多くなり、「要するになんなの？」「ちゃんとまとめてから説明してよ」となってしまう。本人はちゃんと伝えているつもりなのに、相手からは「ちゃんと〜」とダメ出しをされてしまう矛盾。多くの人がここを誤解している。

うまく伝えられる人：
そもそもビジネスコミュニケーションにおいて100%理解してもらう必要などないと思っている。要点や自分が大事にしているポイントに限定し、おおむね理解や納得ができるように伝えればそれでOKという考え方。実はこちらの方がビジネスコミュニケーションとしては高い評価を得ている。

100% 理解 　×

75% 納得 　○

　正解は後者です。前者はまさに「ちゃんと、きっちり、正確に、隅々まで、すべて伝えないと相手は理解してくれない」という思想が滲み出ている資料です。これが先ほど話題にした、プレゼンテーション資料が小さい文字

で情報量も多く、「じっくり、ちゃんと、読む資料」になってしまっている
ケースです。

　このような資料を投影して見せても、残念ながら相手は不快に思うだけで
す。なぜなら、明らかにこの資料には相手への配慮がないからです。

　私の研修に限らずビジネスシーン全般に言えることですが、人はなにかが
映るとそれを見ようとするし、そこになにかが書かれていればそれをちゃん
と読もうとしてしまう生き物です。しかしこのような小さな文字がたくさん
書かれた資料を投影されてしまうと、ちゃんと読むことは難しいのではない
でしょうか。とてつもなく細かい話を付け加えるなら、ご年齢が上になれば
なるほどメガネをかけたり外したりさせることにつながります。

　読もうとしてしまう生き物に対して、読むことが難しいものを視界に入れ
ようとするのは、少しばかり優しくないように思うのは私だけでしょうか。
　相手に読んでいただかないと伝わらない資料ならば、最初から手元に配布
し、読む時間を与えれば良いだけです。わざわざ投影して見せるのであれ
ば、読まなくてもいい資料、つまり見せる資料にしなければなりません。

　ちなみに私は実際の研修現場では、必要ないケースでは読ませる資料すら
用意しません。すべての情報をわざわざきっちり文章にして読ませるような
ことは必要ないからです。シンプルなスライドだけを投影し、あとは簡単に
補足の解説を口頭でお伝えするだけで十分にメッセージは伝わっています。
見せる必要のないものは見せない。読ませる必要のないものは読ませない。
それだけのことなのです。

　そんな仕事の仕方を徹底しているせいか、これまで現場において投影する
資料の文字の大きさや見やすさに驚かれたことが何度もあります。
　しかしこれまで10年以上の経験において、文字が小さくて読みにくいと
いうご意見をいただいたことはありましたが、文字が大きくて文句を言われ
たことはただの一度もありません。それが答えではないかと私は思っていま
す。

もちろん文字が大きければ必ず良い結果が得られるというものではありません し、あなたの仕事においてすべてのケースに当てはまるわけではないでしょう。

　しかしこの考え方が有効な場合も必ずあるはずです。見せる必要のないものは見せない。読ませる必要のないものは読ませない。ぜひトライしてみてはいかがでしょうか。「見やすい」「わかりやすい」「伝わる」といった感想がもらえるようなら、成功したということです。

▎「めんどうくさい」という気持ちとの戦い

　最後にテクニックというよりは人の心の話を少しさせてください。

　先ほど私はプレゼンテーション資料が「じっくり、ちゃんと、読む資料」になってしまっている残念な例があるとお伝えしました。じつはそうなってしまう理由が2つあります。

①資料には2種類あるという考え方がない
②それはわかっているものの、実際につくるのは面倒に感じている

　①に該当する方はまさに本書を通じてその考え方を知ることができましたから、あとは実践していただくだけでこの問題は解決します。

　ところが少しばかり難しいのが②の場合です。私のこれまでの経験上、じつはほとんどのビジネスパーソンが②に該当します。なぜ難しいかというと、この問題は「**心の問題**」だからです。

　それを面倒に感じてしまう理由は、見せることには工夫が必要だからです。わざわざ文字のサイズを変える。どの情報を強調しようか考える。逆にどの情報を削ぎ落とそうか悩む。忙しいビジネスパーソンにとって、実に面倒な仕事です。人間ですから、誰しも面倒なことはしたくありません。もちろん私にもその気持ちはよくわかります。

　しかしその面倒さに負けるということは、美に対する努力を放棄するとい

うことに他なりません。もちろんそれはご本人の自由ですが、結果として素敵に見えない選択をすることが本当に良いのか、一度考えてみることは悪いことではないように思います。

　ひとつだけたしかなことは、一流の料理人で盛り付けを軽視する人、あるいはそのひと仕事を面倒に思う人などいないということです。

　これはもはやスキルや知識の話ではなく、その人の心の問題でしょう。「めんどうくさい」という気持ちとの戦い。私たちは資料づくりという仕事を通じて、なにかを試されているのかもしれません。

2　数字で見せる（魅せる）

あなたはペテン師になってはいけない

　以前にある企業研修で、「資料に数字を記載する際、できるだけ魅力的に見せたいと思うのですが、なにかコツはありませんか？」というご質問をいただきました。

　たとえば重要なプレゼンテーションや商談では、説得力を持たせる意味でも魅力的な数字を選択して相手に見せたいと思うのは自然でしょう。この質問に対して私が答えたことは2つあります。

①相手を欺いていると思われるような見せ方はしない
②できるだけ相手にとって「エモい数字」を見せる

　まずは①について説明します。相手を説得するために都合の良い数字を魅力的に見せたい気持ちは理解しますが、相手を欺くような見せ方は絶対にやめましょう。

　たとえばある化粧品の利用者アンケートの結果として次のような表記が

あったとします。

　効果を実感した人　78％（2022年）→ 92％（2023年）

　このような数字を見せれば相手はポジティブな情報としてメッセージを受け取るかもしれません。しかしもし私なら、この数字の定義を確認しないことには正しい意味づけができないと考えます。

　そもそもこの割合の分母と分子はなんなのでしょうか。利用者すべてに調査した結果なのか、あるいは優良顧客に限定して調査した結果なのか。「効果を実感」とは単なる個人の主観なのか、あるいは具体的に客観的な事実によりそのように表現しているのか。
　もっと意地悪な視点を持つなら、2022年と2023年で「効果を実感した人」の定義は同じなのか、といったツッコミも考えられます。

　たとえば2022年は利用者すべてに調査し、かつある客観的な事実で「効果を実感した人」をカウントしたとします。結果が78％と期待に対して芳しくなかったため、2023年は意図的に調査の設計を変更し、優良顧客に限定して調査することに。そして単なる個人の主観だけで「効果を実感した人」としたとするなら、この2つの数字の比較はあまり実態を正しく捉えているとはいえないのではないでしょうか。
　百歩譲って、そのような調査の設計を変更し、それでも2つの数字を比較して見せるのであれば、そのことを正直に資料の中に記載するべきです。

	2022年	2023年
効果を実感した人の割合	78％	92％
調査対象	利用者すべて	優良顧客に限定
「効果を実感」の定義	ある客観的な事実	単なる個人の主観

　このようなペテンともとれる数字のトリックは枚挙にいとがありません

が、あなたが見せる数字がペテンだと思われるのは何ひとつメリットがありません。もちろん虚偽になるような数字を見せることなど論外です。絶対にやめましょう。

「エモい数字」を見せていますか

続いて②について説明します。ペテン師になることなくいかに数字を魅力的に見せるか。おそらくこの難題の答えになるものです。結論から言えば、**相手にとってのエモい数字を選んで見せる**ことです。

ここで重要なのは、いま若者が好んで使っているこの"エモい"という概念を理解することです。一般的な説明としては次のようになります。

【エモい】
「エモーショナルな感じがする」ということであり、「感情に訴えかけて来るものがある」「心が動かされるようだ」「情緒を感じる」「趣がある」「グッとくる」というような説明しがたい感慨を述べる表現である。

説明文のとおり、なかなか説明しにくい概念のようです。しかしながら注目していただきたいのは、この中に"感"という漢字がたくさん登場することです。すなわち、私の提唱するエモい数字とは、**相手が感じ取れる数字**ということでもあります。

たとえばあなたが化粧品を購入するとして、どれくらいの容量かを知りたいとします。次の2つのうち、あなたが感じ取れる数字はどちらでしょうか。

・200ml（ミリリットル）
・およそ30日分

いずれもその化粧品がどれくらい入っているかを示す情報ですが、おそらくあなたが実感を伴って理解できる情報は後者ではないでしょうか。200mlは感覚的に理解することが難しいですが、30日分ならおそらく理解できます。購入価格を30で割り算すれば1日あたりの値段が把握でき、その数字でコスパの良さを把握し、購入を決意するかもしれません。

　同じことを伝えているのに、見せる数字が違うだけで結果が変わる。

　これは化粧品の話だけでなく、あなたの仕事のさまざまな場面においても当てはまる真実ではないでしょうか。できるだけ相手にとってエモい数字を見せることが有効だと主張するのはこのためです。
　少し感覚を掴んでいただくために、簡単なエクササイズを用意しました。よろしければチャレンジしてみてください。

> **エクササイズ**
>
> あなたはある企業の営業部に所属する5年目の社員とします。新卒1年目で営業部に配属された新人に、「効率よく仕事をするためのアドヴァイス」をするとします。どのように伝えてあげたら、相手にとって実感を伴うアドヴァイスになるでしょうか。「エモい数字」という観点で考えてみてください。

　参考までに私の回答もご紹介しておきます。
　相手は新卒1年目ですから、もし私なら時間という数字を使って説明するかもしれません。私のような世代にはなかったタイパという言葉を好んで使う世代です。時間の短縮を目標設定にすることは、実感を伴う具体的な指示になるのではないでしょうか。

　一方、会社の売上や利益という数字はなかなか実感を伴って伝わらないように思います。効率よく営業をするという観点では、単価や利益率が高いものや"売りやすいもの"を優先して売っていくことがセオリーです。

しかし新卒１年目はまだビジネスとはお金であるといったことが理解できていない段階かもしれませんし、"売りやすいもの"という感覚を求めるのは酷でしょう。そんな新卒１年目に金額という数字をベースにして目標設定やアドヴァイスをしても、なかなか自分ごとにならないのではないでしょうか。ましてそれが10億円、1兆円といった大きな規模感のものであればなおさらでしょう。

　私であれば金額ではなくアポイントの件数で具体的なアドヴァイスや指示をするかもしれません。「１カ月で1,000万円売ること」よりも「１日あたりアポイント３件獲得」のほうが感覚的にもわかりやすいですし、すべきことが明確ではないでしょうか。

｜ エモい数字を見つける魔法の合言葉「Ｇ・Ｈ・Ｐ」

　前項のエクササイズでもおわかりのように、**エモい数字とはそれを見せる相手が誰かによって決まる**ものです。つまり100人いれば100通りあるということでもあり、相手のエモい数字を事前に把握することは容易ではありません。
　コミュニケーションとは相手によって決まるもの（変わるもの）という正論は認めつつ、一方でもう少しコツやヒントのようなものが欲しいと思うのもまた正論だと私は思います。

　そこで、私が主にコミュニケーション文脈の研修を提供する際に必ず指導するエッセンスをご紹介することにいたします。**相手の「Ｇ・Ｈ・Ｐ」を知っておくことで正解に近づける**という考え方です。
　先ほどもお伝えしましたが、あなたが相手に示す数字に、相手にとっての"感"があることがとても大切です。そこでこの"感"をもう少し具体的にしたものが次の３つであり、これを「Ｇ・Ｈ・Ｐ」とネーミングしています。

**　Ｇ：グッとくる**

H：ハッとする
P：ピンとくる

　具体例で説明します。
　先ほどもお伝えしましたが、もしなにかを伝える相手が新卒社員あるいは若手だった場合、そこで経営に使われる数字を持ち出しても相手はまったくピンとこないでしょう。タイパ時代を生きてきた世代には、たとえば「時短」といった概念を数字で伝えたほうがグッとくるはずです。

　逆に相手が経営層だった場合は、現場の数字でどれだけ説明しても伝わらないでしょう。なぜなら経営層の仕事は経営をすることであり、現場の仕事は守備範囲外だからです。投資額、回収期間、コストインパクトといったものを説明することが必要であり、やはり彼らにとってエモい数字とは「お金」ということになるでしょう。危機感を訴えるプレゼンテーションならハッとするかもしれませんし、経営的にも大きなメリットがある提案ならグッとくるかもしれません。

　さらにもし相手が中堅ビジネスパーソンだった場合は、「効率」や「生産性」を数字で示してあげるとグッとくるかもしれません。彼らはおそらく会社の上層部から現場の生産性を上げること、個々の仕事の効率をアップすることを求められているはずです。そんな中堅ビジネスパーソンがグッとくるエモい数字とはそのようなものではないでしょうか。

　大切なのは**その相手の仕事はなにかという視点を持つ**ことです。新卒社員がまずしなければならない仕事は、素早く現場のオペレーションをこなすことです。中堅社員の仕事は現場の効率や生産性を向上させることです。経営層の仕事は経営することです。その相手の仕事に関係ある数字を選ぶことが、エモい数字に近づけるコツです。

	仕事は？	G・H・P
新人・若手	素早く現場のオペレーションをこなすこと	時短
中堅	現場の効率や生産性を向上させること	効率・生産性
経営層	経営すること	投資額・回収期間・コストインパクト

　売上目標を達成しなければならない営業担当者に会社の人件費という数字でなにかを説明してもおそらく興味を持って聞いてくれません。システム開発が仕事の人に会社の売上目標を語っても他人事でしかありません。ビジネスパーソンなら誰しも経験したことのある事象だと思いますが、なぜそのようなことになるのかの理由は、すべてこの「G・H・P」で説明がつきます。

　その相手の仕事に関係ある数字でないと、魅力的に映らない。

　あらためて、見せるとは魅せるであり、魅せるとは相手に魅力的に思ってもらうということです。魅力とは心で感じるものであり、まさにエモいかどうかで決まるものです。いかに相手のエモい数字を見せることができるかで商談や交渉は結果が決まってしまうと断言します。ぜひ大事なプレゼンテーションではこの原則を忘れず、見せる（魅せる）数字を選んで資料に記載しましょう。

　そのときが近いうちにやってくる方のために、エクササイズを用意しておきました。相手の「G・H・P」を想像するトレーニングだと思ってください。

 エクササイズ

　近いうちにあなたのプレゼンテーションを聞くことになる相手は誰でしょうか。その相手に伝えたいメッセージはなんでしょうか。そのためにどんな資料を用意するでしょうか。そしてそこにどんな数字を記載すれば、相手にとって"感"が生じるメッセージになるでしょうか。

一瞬で伝わる「公式」をつくる

　本章の最後に、数学的な動作のひとつである「モデル化」を主役にした見せ方をご紹介します。繰り返しですが、モデル化とは型をつくることです。あなたにとってなじみのある言葉としては、公式や法則といったものがそれにあたります。

　数学においては実にたくさんの公式や法則がありますが、それらに共通するのは、**ある対象の特徴をこれ以上シンプルにできない状態にして表現したもの**であることです。先にご紹介したピタゴラスの定理などもまさにそのひとつです。

$$a^2 + b^2 = c^2$$

　ここで重要なことは、私が"表現"と申し上げている点にあります。つまりこの1行は誰かに伝えるためのもの、言い換えれば誰かに見せるものと解釈できないでしょうか。ある対象の特徴をこれ以上シンプルにできない状態にして表現する。ビジネススキルとして必要な場面が多々あるのではないでしょうか。たとえば重要な商談やプレゼンテーションの資料、あるいは広告などで魅力を訴求するコピーなどがそれにあたります。
　そこで私のこの考え方が実際に活用されている事例を4つほどご紹介します。

●面白い物語
　いわゆる脚本家や小説家を育成する、シナリオ・センターと呼ばれるスクールがあります。そこで講師をされている新井一樹氏がご著書『シナリオ・センター式 物語のつくり方』（日本実業出版社）の中で興味深い表現を

使っていました。

（面白い物語）＝（何を書くか）×（どう書くか）

　何を書くかがはっきりしていなければ面白い物語になるはずもなく、それがはっきりしていたとしても、書くための知識や技術が備わっていなければ面白い物語になるわけがない。あえて数学的に表現するなら、両者いずれかがゼロなら結果はゼロでしかない。

　シンプルではありますが誰にでも伝わる、納得感ある表現だと個人的には思いました。ある対象の特徴をこれ以上シンプルにできない状態にして表現したものとは、こういうものではないでしょうか。

●ビジネスリーダーに求められる能力
　データサイエンスを専門とする慶應義塾大学教授の安宅和人氏が、ご著書『シン・ニホン AI×データ時代における日本の再生と人材育成』（NewsPicksパブリッシング）の中でビジネスリーダーに求められる能力を次のような表現で伝えていました。

（能力）＝（母国語）＋（世界語）＋（問題解決力）＋（データリテラシー）

　おそらく安宅氏はこれからの時代がどうなるかを考察し、そのうえでどんな能力が必要になるかを要素分解したのだと思います。必要な能力とは大きく４つあり、その総合評価であると定義したのでしょう。私にはこれが、活躍できる次世代リーダーになるための公式に見えます。

●仕事の評価
　たまたまSNSで目にした表現です。

（組織で評価される人）＝（質）×（量÷時間）＋（ミッション）×（バリュー）

　こうして私の目にとまったということは広告のキャッチコピーと同じ機能

だということでもあり、そういう意味でもこの投稿者の「見せる（魅せる）」は成功しています。

　この投稿者曰く、組織で評価される人とは行動の質と時間あたりの行動量がいずれも大きい人であり、なおかつミッションに共感できバリューに沿う行動ができる人のことを指すとのことです。ミッションとは一般的には企業が目指す目的や経営理念のことであり、バリューとはミッションを実現するための具体的な行動指針のことです。

　量を時間で割り算しているあたりにこの投稿者のこだわりを感じます。単純に多ければ良いわけではなく、少ない時間をうまく使って量を増やせる知性が必要と訴えているように私は感じました。これもまた、組織で評価される人になるための公式のように見えます。

●やる気

　心理学者であり先延ばしとモチベーション研究の第一人者とされるピアーズ・スティール氏は、人間のやる気というものを次のような公式で説明できると提唱しました。

$$（やる気）＝（高めるもの）÷（削ぐもの）$$
$$＝\{（達成確率）×（価値）\}÷\{（衝動性）×（期限）\}$$

　達成確率とは実際にやったときに「達成できそうかどうか」を意味します。価値とは達成することで得られるものが自分にとってどれくらいメリットがあるか。衝動性は衝動的に他のことに気が向いてしまったり、飽きやすかったりすること。期限はいつまでにやればいいのかを表します。この公式はまさにピアーズ・スティール氏が世の中に伝えたいことの表現であり、これ以上シンプルにできない状態にして人に見せるものであると考えられます。

┃ 因数分解思考が公式を生み出す

　4つの表現をご紹介しましたが、共通するのはすべて四則演算（＋－×÷）

を使った数学的表現であることです。そしてもうひとつ重要な共通点があります。それは、**因数分解思考により誕生した成果物である**ということです。

因数分解思考とは、**「何でできているかを明らかにする頭の使い方」**と定義します。先ほどの例を振り返りましょう。

（面白い物語）＝（何を書くか）×（どう書くか）

これはすなわち、面白い物語とは「何を書くか」と「どう書くか」の2つの要素でできているという表現に他なりません。そのような視点で他の事例も振り返ってみてください。すべて何でできているかを明らかにした結果が数学的表現になっていることに気づいていただけるはずです。たとえば最後にご紹介した次の公式について確認してみます。

（やる気）＝（高めるもの）÷（削ぐもの）
　　　　＝{（達成確率）×（価値）}÷{（衝動性）×（期限）}

おそらくピアーズ・スティール氏は、やる気というものは高めるものと削ぐもののバランスで決まると考えたのでしょう。高めるものは大きければ大きいほど、削ぐものは小さければ小さいほど、やる気というものは大きくなる。そんな構造を割り算で捉えたと思われます。

さらに、高めるものとは何でできているかを考えたのでしょう。達成確率が高ければ高いほど、得られる価値が大きければ大きいほど、やる気は高まると考えるのは納得感があります。一方で飽きっぽい性格であればあるほど、期限が先であればあるほど、やる気が起きないと考えるのもまた納得感があります。

何でできているかを明らかにする頭の使い方とはどういうことか、少し感じ取っていただけたでしょうか。もちろん私自身もこの因数分解思考を使って、メッセージ性ある公式をつくり出し、研修の資料や著書の見出しなどに積極的に活用しています。

たとえば本章のある小見出しで、このような表現を使っていました。

（数学的に伝える）＝｛（書く）＋（話す）＋（見せる）｝×（数学的）

数学に慣れ親しんだ方ならこれがまさに因数分解であることがおわかりいただけるでしょう。もしこのような創作を楽しそうだと思える方は、エクササイズを用意しておきますのでチャレンジしてみてはいかがでしょうか。

 エクササイズ

次のうち好きなテーマを選び、その魅力が伝わる公式を考えてみてください。

①あなた自身の魅力
②あなたの勤務する会社（あるいは所属する組織）の魅力
③本書『「数学的」な仕事術大全』の魅力

もし③をお選びになった方は、ぜひその成果物を私にも共有ください。巻末にメールアドレスを記載しておきます。もちろん御礼を兼ねてお返事を差し上げます。

シンプルに表現することの難しさについて

ここまで私が一貫して述べてきたことは、**「シンプルに表現する」**ということだと思います。

「できるだけ少なく」
「一行で」
「数式のように」
「雑然とせずに美しく」

これらは突き詰めていけばシンプルという概念にたどり着くように思います。そこで最後に、このシンプルという概念について個人的に感じることを（まさにシンプルに）述べておきます。

　本章でご紹介してきたようなエッセンスを企業研修などで指導すると、ビジネスパーソンの皆様から一定数、次のような反応が返ってきます。

　「深沢さんのおっしゃることはよくわかります。でも実際は難しいです……」

　簡単なものを複雑にすることばかりしてしまい、複雑なものを簡単にすることをしていない。情報を加えていくことは簡単にできるのに、情報を削ぎ落とすことはとてつもなく難しい。そのことは私もよくわかります。

　じつは**この問題の本質はコミュニケーション力ではなく、思考力にあります**。なぜ「できるだけ少なく」「一行で」「数式のように」「雑然とせずに美しく」が難しいかというと、何が大事で何が大事でないか、どれが幹でどれが枝葉かがわからないからです。わからないから削ぎ落とすものを決めることができません。
　そしてわかる人とわからない人の違いは、どう考えても思考力の差という結論以外はありません。

　あらためて、私たちにとっていかに思考力というものが大切か、いかに学生時代の数学でそれを鍛えておくことが重要であったかを痛感します。**コミュニケーション力は思考力であり、思考力はコミュニケーション力**なのです。

　しかしいまからでもそれを取り戻すことは十分に可能です。本書においても第1章から第3章にかけて、「考える」をテーマにたくさんのヒントをお伝えしてきたつもりです。本書ですべてのビジネススキルを1冊にまとめた意味はそこにあり、この1冊ですべて網羅できているはずです。

月並みなメッセージになってしまいますが、ぜひ本書に書かれていることの中でいまからでもできることをひとつでも見つけて、それを少しずつでもいいので実践してみましょう。本書のどこかに、あなたがビジネスパーソンとしていまよりもっと輝くためのヒントが必ずあります。

最後に贈る3つの質問

　あなたはまもなく本書を閉じます。もしよろしければそのときに、次の3つの問いについて考えてみてください。少しの時間で結構です。答えの内容はどんな些細なことでも結構です。

Q1 すぐに始めるべきことをひとつ挙げるとしたらそれはなんでしょうか
Q2 すぐに始められることをひとつ挙げるとしたらそれはなんでしょうか
Q3 すぐに始めたいことをひとつ挙げるとしたらそれはなんでしょうか

　あえて少しずつ、質問の仕方を変えています。
　Q1は「始めるべき」という表現をしています。あなたがなにかを始めるにあたり、それが義務や使命であることが重要なのであれば、この問いの答えを大切にしてください。
　Q2は「始められる」という表現をしています。あなたがなにかを始めるにあたり、それが現実的にできることかどうかを大切にするのであれば、この問いの答えを大切にしてください。
　Q3は「始めたい」という表現をしています。あなたがなにかを始めるにあたり、自分が心からそれをしたいと思っていることが重要なのであれば、この問いの答えを大切にしてください。

　それぞれの答えが一致していても良いですし、ばらばらでも良いと思います。大切なのはすぐに始めることが見つかること、そして始めてしまうことです。そのための理由など、なんでも良いと思います。
　いつか直接お会いすることがあれば、本書をきっかけに実践したことや起

こった変化を聞かせてください。その日を楽しみに、私も頑張ります。

　私はこれからも、働くという選択をしながらも悩み続ける人たちに少しでも武器を提供できるよう活動を続けます。だからどうか、あなたも自分の成長や変化を諦めないでください。

　ますますのご活躍を祈っております。社交辞令ではありません。心から、祈っております。

おわりに　〜数学的に生きる〜

「数学は役に立つのか？」の答え

そういえば私は「はじめに」で次のような表現をしました。

「数学的に生きている」

これはつまり、私は数学のように生きるという意味に他なりません。本書をここまで読んでくださったあなたなら、「数学のように」とは5つの動作（定義・分解・比較・構造化・モデル化）を指すことをよくご存知でしょう。実際、私はこれまで人生において重要な局面では、この5つの動作を使うことを大切にしてきました。本当です。少しだけご紹介します。

【定義】
人生においてなにかを根本から変えたいときには再定義することを心がけています。
たとえば友人関係で悩んだとしたら、そもそも友人とはどういう人なのかを定義するでしょう。そしてその定義を変えれば、私の友人はその定義どおりの人だけになります。ですからもしこれから人生に悩むときが来たら、私にとって人生とはなにかを再定義するでしょう。その定義どおりの人生になるはずだからです。

【分解】
分けるべきものは徹底して分ける。そして分けたものは混在させない。私はこれを徹底しています。
たとえば「オンとオフをしっかり分ける」という言葉があります。それはつまりオンとオフはまったく違うものであり、混在させないことが大事とい

うことに他なりません。人間関係においても交わる人とそうでない人をはっきり分ける。

　交わらないと決めた人とは徹底的に交わらない。エレガントに、美しく、健やかに生きるために大事なことだと思っています。

【比較】

**　私は自分自身と誰かを比較することから逃げません。とくに成長や変化が必要な局面ではとても大切なことだと思っています。**

　比較することは「差」を明確にすることです。それは時に辛い現実を突きつけられることになるかもしれません。しかし足りないものに目を向けずに、成長や変化などありえないと私は思います。だから私は逃げません。

【構造化】

**　うまくいっている人や事例に出会ったら、その表面をまねるのではなく、その裏にある構造を盗みます。**

　たとえばオシャレな人のセンスを盗みたければ着ている服をまねるのではなく服の選び方を盗むのです。うまくいくという現象には必ず理由がありメカニズムが存在します。成果が出せる人は"それ"を盗むことが上手なのだと思います。まねるのではなく盗むという考え方を、私は死ぬまで捨てることはありません。

【モデル化】

**　私は誰かにとってのモデル（型）になりたいと思っています。**

　数学とはモデル（型）を示す学問です。ファッションモデルや成功モデルという言葉もあるように、モデルとはお手本や標準を意味します。ですから数学的に生きるとは、モデル（型）を示すような生き方をするということです。「深沢さんのようになりたい」や「深沢さんが標準」と言ってもらえるような存在になりたいと思っています。いわば私自身をモデル化するということでしょうか。数学的に生きるとはそういうことだと思います。もちろんまだ道半ばです。頑張ります。

この5つの動作は私だけでなく、すべての人の人生に役立つものです。少なくとも私はそう信じています。

ですからもし私が「数学なんて勉強して将来役に立つの？」という子どもや学生の素朴な疑問に答えるなら、間違いなくこの話をすることになるでしょう。人間が生きている限り、数学が役に立たないなんてことは絶対にありません。

それを姿で示すためにも、私はこれからも数学的であることを大切にして生きていきます。

あなたはどう生きるか

では、あなたはいかがでしょうか。これからどう生きるでしょうか。

もちろんどんな生き方でも良いと思います。私は数学のように生きるという選択をしましたが、あなたは憧れのプロ野球選手のように生きてもいいし、まるで子どものように無邪気に生きてもいいのです。

ただひとつたしかなことは、「私は○○のように生きる」と表現できるなにかに出会うことはとても心強いことだということです。それはあなたがこの先どこかでピンチに陥ったりなにかに迷ったりしたときに、道を切り開いてくれる武器になるはずです。私にとって数学がそうであったように。

すでにその武器に出会っている人も、これから出会う人も、本書を読んだすべての人が幸せな人生を送れることを願っています。

もしよろしければ読書感想文という形で次のメールアドレス宛にメッセージをください。励みになるものについてはお返事を差し上げます。

info@bm-consulting.jp

本書の制作においては東洋経済新報社の近藤彩斗氏に大変お世話になりました。「深沢さんの集大成になる1冊をつくりましょう」というご提案に心

が動かされました。まさにそんな1冊になったと自信を持って言えます。

　いつもサポートしてくれる妻の麻衣にも感謝を伝えたいと思います。私が
どう生きるかを真剣に考えるようになったのは間違いなくあなたの影響で
す。これからも見守って欲しいと思っています。

　私をこの世に誕生させてくれた人たち。
　数学と出会わせてくれた人たち。
　教育とはなにかを教えてくれた人たち。
　ビジネスとはなにかを教えてくれた人たち。
　そのほかさまざまなことを教えてくれた人たち。

　本書は多くの人たちの指導と応援があって誕生した、奇跡のような1冊で
す。ありがとうございました。

ビジネス数学教育家・深沢真太郎

おわりに

ビジネス数学を学んでみたい方へ

　ビジネス数学を学んでみたい方の入門となるメールセミナー「数字に強いロジカルパーソンになる授業」を毎日配信しています。ビジネス数学教育家が実際の企業研修などで提供するトピックや事例を惜しみなくシェアするメールセミナーです。

　登録は無料。特典も充実しています。数字と論理に強いビジネスパーソンになりたい方、そのようなビジネスパーソンを育成するための教育や研修を企画したい方は必読です。下記QRコードからアクセスのうえ、ぜひご登録ください。

登録者限定！　3つの特典
★映像セミナー「ビジネス数学・超入門講座」がいつでも無料で視聴可能
★登録者限定のワークショップやイベントを不定期で開催
★法人向け概要説明資料を無料でダウンロード可能

推薦図書の紹介

定義・分解・比較・構造化・モデル化
『数学的思考トレーニング』（PHP研究所）

数学コトバ
『数学的に考える力をつける本』（三笠書房）

数字の活用法
『仕事で数字を使うって、こういうことです』
（日本実業出版社・日本経済新聞出版）

ファクトベース・アサンプションベース
『徹底的に数字で考える。』（フォレスト出版）

論理思考
『そもそも「論理的に考える」って、何から始めればいいの？』
（日本実業出版社）

構造化
『わけるとつなぐ』（ダイヤモンド社）

フェルミ推定
『知識ゼロからのフェルミ推定入門』（宝島社）

因数分解思考
『あらゆる悩みを自分で解決！因数分解思考』（あさ出版）

話し方・説明・説得
『「数学的」話し方トレーニング』（PHP研究所）

【著者紹介】

深沢真太郎（ふかさわ しんたろう）

ビジネス数学教育家。明治大学客員研究員。BMコンサルティング株式会社代表取締役。一般社団法人日本ビジネス数学協会代表理事。

数字に強いロジカルパーソンを育成する「ビジネス数学教育」を提唱する人材育成の専門家。日本大学大学院総合基礎科学研究科修了。理学修士（数学）。初のビジネス数学検定1級AAA認定者であり、公益財団法人日本数学検定協会が認定する国内唯一のビジネス数学エグゼクティブインストラクター。

大学院修了後、塾・予備校講師として社会人キャリアをスタートさせるも、受験教育を職業にすることに疑問を感じ、20代中盤でファッション・アパレル業界へ転職。自分と真逆の価値観を持つ人々に囲まれるなか、ビジネスパーソンがかつて学んだはずの数学をうまく活用できていないことに気づく。

十数年の会社員経験からビジネススキルとはどういうものかを学び取り、数学講師というかつてのキャリアと掛け算することで「ビジネス数学教育」というコンセプトを考案。以降、「ビジネススキルと数学教育」をテーマに独自の研究を続け、研修プログラムを多数開発。そのユニークなコンセプトと独特な指導法が多くの経営者や人材育成担当者の目に留まり、現在はソフトバンク、京セラ、三菱UFJ銀行などの大手企業、プロ野球球団、トップアスリート、学校教員に研修を行う。その傍ら、「ビジネス数学インストラクター制度」を設立し、講師育成にも従事している。

テレビ番組の監修やビジネスメディアへの寄稿も多数あり、のべ30冊以上を数える著作は世界中のビジネスパーソンに読まれている。今後もビジネス数学教育を広めることで、精神的にも経済的にも豊かな職業人で溢れる世の中にすることを目指している。

結果を出し続ける人が必ずやっている

「数学的」な仕事術大全

2024年3月26日発行

著　者──深沢真太郎
発行者──田北浩章
発行所──東洋経済新報社
　　　　　〒103-8345　東京都中央区日本橋本石町 1-2-1
　　　　　電話＝東洋経済コールセンター　03(6386)1040
　　　　　https://toyokeizai.net/

ブックデザイン……永田理沙子(dig)
Ｄ Ｔ Ｐ…………アイランドコレクション
印　刷…………図書印刷
編集担当…………近藤彩斗

©2024 Fukasawa Shintaro　　　Printed in Japan　　　ISBN 978-4-492-53471-7